lonely planet

DE CERCA
BEIJING

Christopher Pitts y Robert Isenberg

Sumario

Puesta a punto............4

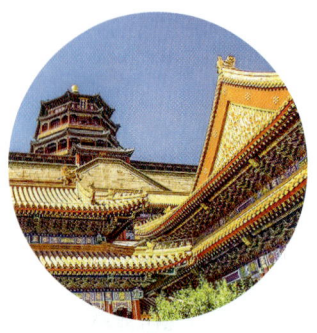

Arriba: templos del palacio de Verano (p. 124).
Abajo: la Gran Muralla, sección de Mutianyu (p. 138).

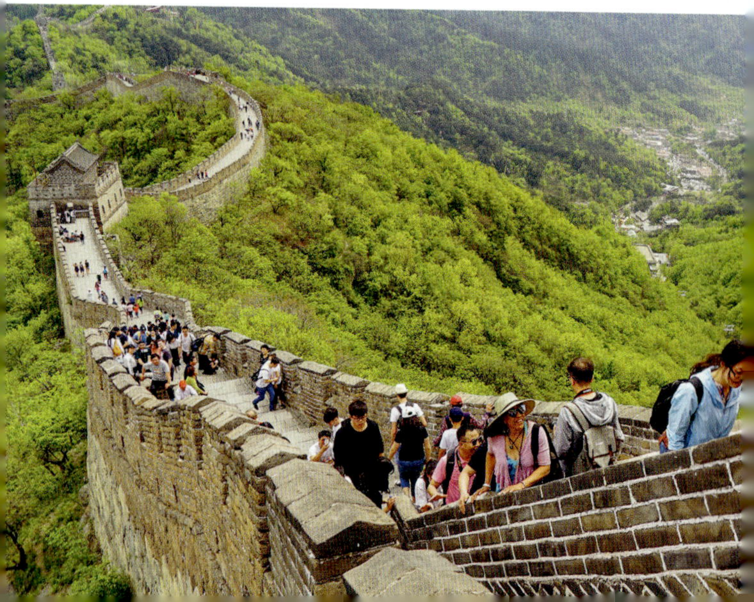

DESDE ARRIBA IZDA.: BPPERRY/GETTY IMAGES ©; JIANG TIANMU/SHUTTERSTOCK ©

El viaje empieza aquí

Para muchos, China es Beijing. Sede del poder desde el s. XIII, ha visto cómo se sucedían dinastías y gobiernos, desde los mongoles a Mao pasando por los manchúes. Cada régimen ha dejado una huella indeleble: la Ciudad Prohibida, el palacio de Verano, la plaza de Tiananmén... Huellas de un rico y complejo pasado, son hoy un imán para los viajeros. Pero, al pasear por sus calles entre rascacielos fulgurantes, imponentes soldados y miles de coches eléctricos, es imposible no ver su otra cara: el futuro. Orgullosa y segura de sí misma, intemporal, pero en constante cambio, Beijing nunca deja de sorprender.

Christopher Pitts
christopherpitts.net
Chris, admirador empedernido del arte y la caligrafía, lleva 20 años escribiendo sobre China y es autor de una novela de inminente publicación.

COLABORADOR
Robert Isenberg
robertisenberg.net
Robert es un escritor y cineasta afincado en Rhode Island. Su libro más reciente es *Mile Markers: Essays on Cycling*.

Templo del Cielo (p. 73).
XIA YANG/GETTY IMAGES ©

LO MEJOR

Experiencias imperiales

Beijing, sede de las tres últimas dinastías imperiales,
tiene el mayor acervo de lugares de interés histórico de China,
casi todos en el llamado eje central, núcleo de la capital
y el universo chino.

Descubrir el secreto mundo de
24 emperadores y sus miles de siervos,
desde eunucos a bordadoras,
en la **Ciudad Prohibida.** (p. 38)

Admirar los jardines tachonados
de templos y el gran lago del
palacio de Verano, retiro de Cixí, la
emperatriz viuda. (p. 124; arriba izda.)

Ascender la vertiginosa **Gran Muralla,**
una aventura de ensueño
en las montañas del norte (p. 132).

Conocer la medición tradicional
del tiempo en las **torres del Tambor
y la Campana,** que se alzan sobre
los tejados de los *hutong* (p. 58)

Empaparse del simbolismo esotérico
del **templo del Cielo,** donde los
emperadores hacían sacrificios para
apaciguar a los dioses. (p. 73)

Recorrer en barca el **parque Beihai,**
antiguo lago imperial rodeado de
templos taoístas y coronado por una
estupa tibetana. (p. 84; arriba dcha.)

Dcha.: Gran Muralla, sección de Badaling (p. 132).

LO MEJOR

Compras

Códigos QR por aquí, códigos QR por allá...
Es posible hacer pagos sin efectivo mientras se compran
falsas antigüedades, rosarios budistas, caligrafía tradicional,
perlas, productos electrónicos y mucho más.

Ir a la caza de antigüedades falsas, arte, artesanía y objetos *kitsch* de la época de Mao en **Panjiayuan,** el rey de los mercados. (p. 110; arriba)

Rebuscar entre las perlas de agua dulce de Zhejiang en el **mercado de perlas de Hongqiao,** frente al templo del Cielo. (p. 78)

Explorar las callejas de **Dashilar** y la calle Liulichang, llena de joyas de porcelana, tiendas de arte, anticuarios y librerías. (p. 99)

Probar clásicos *dumplings* mientras se compran abanicos, seda y zapatillas de tela en el peatonal **Qianmen Dajie.** (p. 77)

El **taller de porcelana Caicifang.** (p. 99) vende cajas, pendientes y adornos hechos con fragmentos de jarrones antiguos.

Comprar té *pǔ'ěr* o el preciado *oolong* Iron Guanyin en el **mercado de té de Maliandao.** También hay porcelana. (p. 101; arriba)

Dcha.: calle Liulichang (p. 99).

LO MEJOR

Templos

En la era imperial, la capital albergó cientos de templos y santuarios que atraían a peregrinos de toda Asia. Solo cabe maravillarse ante los restos de estupas tibetanas, estatuas taoístas, pagodas kitán y altares confucianos.

Hacer una ofrenda en el **templo de los Lamas,** una de las lamaserías tibetanas más importantes fuera del Himalaya. (p. 60)

Viajar a los 76 niveles del inframundo taoísta en el **templo de Dongyue,** un rincón de misticismo en Chaoyang. (p. 116; arriba)

Contemplar la magnífica estupa tibetana de 51 m de altura, la más alta de China, en el **templo de Miaoying.** (p. 91)

Cruzar los soberbios arcos históricos a la entrada del sereno **templo de Confucio y Colegio Imperial.** (p. 65; arriba)

Admirar el original **templo de Wuta,** de inspiración india, de 1473 y con un fabuloso museo de mampostería. (p. 128)

Ver el edificio más antiguo de Beijing, el **templo de Tianning:** es de principios del s. XII y mide 57,8 m. (p. 101)

Dcha.: templo de Miaoying (p. 91).

LO MEJOR

Museos

Los museos y galerías de Beijing exponen tanto piezas históricas como contemporáneas. Desde figurillas de la dinastía Han a imágenes religiosas y desde edictos de la corte a expresionismo abstracto, se puede contemplar la vida en todas sus facetas.

Visitar el **Museo Nacional de China,** un tesoro de arte y objetos que compendia la historia china. (p. 36)

Aprender a distinguir a los kitán de los han y a los mongoles de los manchúes en el **Museo de la Capital.** (p. 90)

Admirar documentos históricos, cartas astrales, mapas antiguos y edictos imperiales en los **Primeros Archivos Históricos de China.** (p. 78)

Ver el mejor arte contemporáneo en UCCA, una de las mejores galerías del industrial **798 Distrito del Arte.** (p. 112)

Seguir el curso de la emigración china desde el sureste asiático a EE UU en el excelente **Museo de Historia de la China de Ultramar.** (p. 65)

Tomarle el pulso al arte chino contemporáneo en el **Museo Nacional de Arte.** (p. 46)

Museo Nacional de China (p. 36).

TESTING/SHUTTERSTOCK ©

Lo mejor para niños

Ir de atalaya en atalaya o deslizarse por un tobogán en la **Gran Muralla,** una aventura sin igual. (p. 132)

Montar en una escoba en el Harry Potter and the Forbidden Journey, una de las emocionantes atracciones del **Universal Beijing Resort.** (p. 140)

Disfrutar de los lagos del **parque Beihai,** ya sea en una barca en verano o sobre patines y triciclos de hielo en invierno. (p. 84)

Explorar el laberinto de salas y pasajes de la **Ciudad Prohibida,** donde los pequeños emperadores tenían todo el espacio del mundo para jugar. (p. 38)

Lo mejor gratis

Sufrir la inquisidora mirada de Mao en la **plaza de Tiananmén,** el espacio público de más triste recuerdo de Beijing. (p. 34)

Descubrir milenios de historia, desde bronces de la dinastía Shang a porcelana de un valor incalculable, en el **Museo Nacional de China.** (p. 36)

Visitar el complejo templario conocido con el prosaico nombre de **Palacio Cultural de los Trabajadores,** el secreto mejor guardado de Beijing. Al lado de la Ciudad Prohibida, solo cuesta 2 ¥. (p. 44)

Ponerse al día de la rica historia de Beijing en el precioso **Museo de la Capital.** (p. 90)

Descubrir la historia de un *hutong* del centro en el **Museo Shijia Hútòng,** con acceso a una casa tradicional con patio. (p. 49)

Admirar la influencia de la diáspora china en el **Museo de Historia de la China de Ultramar.** (p. 65)

Tres días perfectos

Beijing ofrece muchas experiencias únicas, desde la Gran Muralla a la Ciudad Prohibida, pasando por el pato cantonés. A continuación, se dan algunas claves para disfrutarlas.

Estatuas de la revolución, plaza de Tiananmén (p. 34).

PRIMER DÍA

Si solo se dispone de un día

MAÑANA

¿Por dónde empezar sino por el mismísimo centro del universo chino? Hay que ir a la plaza de **Tiananmén** (p. 34) para fotografiar el retrato de Mao (mejor llegar al alba para ver cómo se iza la bandera) y luego pasear bajo su gélida mirada hasta la laberíntica **Ciudad Prohibida** (p. 38; arriba).

TARDE

Tras almorzar en el restaurante de la antigua **heladera imperial** (p. 39), se sigue con la visita a la Ciudad Prohibida. Se sube luego a la cima del **parque Jingshan** (p. 45), con vistas de todo Beijing.

NOCHE

Se va en taxi a **Sìjì Mínfú** (p. 51) para probar el mejor pato asado de la capital (seguro que habrá que hacer cola).

SEGUNDO DÍA

Un fin de semana

MAÑANA

Aguarda la aventura en la Gran Muralla (arriba), ya sea en **Badaling** (p. 132), a 1 h en el tren bala, o en **Mutianyu** (p. 138), a 90 min en el autobús turístico. Se puede subir a empinadas atalayas y sacar fotos de la muralla serpenteando entre los cerros. Para ver un tramo más agreste, hay que contratar un circuito de senderismo.

TARDE

De vuelta en la ciudad, se recargan pilas con una *fondue* china o un plato de cangrejo de río picante de Sichuan en los animados restaurantes de la **calle de los Fantasmas** (p. 66) o en los modernos de **Sanlitun** (p. 118).

NOCHE

Si gustan los DJ, hay que ir a **Chaoyang** (p. 116); para escuchar música en directo, nada como los bares cerca de la torre del Tambor, como **Modernista** (p. 69).

TERCER DÍA

Una escapada

MAÑANA

Ver a los pekineses bailando y haciendo taichí mientras se visita el **templo del Cielo** (p. 73; arriba); admirar su joya, la sala de oración por la Buena Cosecha. Se visita luego el **mercado de perlas de Hongqiao** (p. 78), junto a la puerta este del parque, para comprar recuerdos.

TARDE

Al igual que la emperatriz viuda, se cambia la ciudad por la paz del **palacio de Verano** (p. 124), en las colinas occidentales. Para gozar de unas vistas soberbias hay que subir la colina de la Longevidad; luego, se puede remar en el lago Kunming.

NOCHE

Se vuelve a Beijing para ir al moderno *hutong* de Qianliang, comer fideos en **Pang Mei Noodles** (p. 51) y tomar una cerveza en **Jing-A Longfusi** (p. 53).

15

Con más tiempo

Se va al incomparable **templo de los Lamas** (p. 60) para admirar su buda de sándalo de 18 m de alto. Desde allí hay un breve paseo hasta los jardines del **templo de Confucio** (p. 65), relativamente tranquilos. Tras el circuito por el templo, se da una vuelta en bici por el *hutong* hasta la **torre del Tambor** (p. 58), al norte del eje central.

Se pasea por el lago Houhai, con una parada en la **antigua residencia de Song Qingling** (p. 87), o se corona la cima de la isla de Jade en el **parque Beihai** (p. 84), rematada por una estupa blanca. Otra opción es visitar la estupa tibetana del **templo de Miaoying** (p. 91), aún más grande y oculta entre los *hutong* de Xicheng.

Si se ha cumplido con el cupo de templos, se puede ir al **mercado de Panjiayuan** (p. 110), donde se puede regatear para comprar recuerdos únicos: ejemplares auténticos del *Pequeño libro rojo,* dibujos tradicionales en tinta china, sellos tallados a mano y falsas antigüedades. Se remata el día con una ópera pekinesa en el histórico **teatro Zhengyici** (p. 102).

Torre del Tambor (p. 58).

Una excursión

A juzgar por la longitud de las colas, la mayor atracción de la capital no es ni la Gran Muralla ni la Ciudad Prohibida, sino el **Universal Beijing Resort** (p. 140). Este parque temático al este del centro, a un salto en metro, ha aportado un toque hollywoodiense al Reino Medio. Si se quieren ver las chimeneas torcidas y los peculiares tejados de Hogsmeade, habrá que dedicarle todo el día. Otras atracciones temáticas son Jurassic World Adventure (arriba) y Kung Fu Panda. Los emocionantes espectáculos 3D y la preciosa Potterland son ideales para hacer fotos.

En un día de lluvia

No hay que dejarse engañar por la fachada soviética del monumental **Museo Nacional de China** (p. 36), pues alberga la mejor y más ecléctica colección de Beijing. Tiene desde objetos históricos a estatuas budistas, pasando por la propaganda de estilo realismo socialista.

En las antípodas está el minúsculo **Museo de Arte Poly** (p. 50), de solo dos salas, aunque excelentes. Si gusta el arte contemporáneo, hay que visitar el **798 Distrito del Arte** (p. 112; arriba), un puñado de galerías vanguardistas en un entorno industrial.

El **Museo de Historia de la China de Ultramar** (p. 65) merece una visita, al igual que los **Primeros Archivos Históricos de China** (p. 78), que abrieron en el 2022. Los amantes de la ebanistería y la arquitectura deberían ir al infravalorado **Museo de Arquitectura Antigua** (p. 102).

Prepararse

ANTES DE PARTIR

Tres meses antes
Solicitar el visado.
Memorizar unas frases
en mandarín. Leer
y escuchar algún
podcast sobre historia
china.

Un mes antes
Elegir barrio y
reservar alojamiento,
circuitos y cursos.

Una semana antes
Suscribirse a una VPN
para saltarse el Gran
Cortafuegos. Instalarse
aplicaciones útiles
como WeChat o Alipay.

Costumbres

China se toma la etiqueta con mucha
calma. Lo más importante es no quedar
ni dejar en evidencia (no discutir ni
perder la calma).

Saludos y despedidas Lo habitual
es darse la mano. Decir *nǐ hǎo* para
saludar y *zàijiàn* para despedirse.

WeChat Si un desconocido solicita
añadir al viajero en un espacio público,
es de buena educación aceptar.

WeChat

WeChat (微信; Wēixìn) es la *app*
más útil de China. Ofrece de todo:
red social, mensajes de texto, pagos
y navegación por internet (censurada).
Es esencial para reservar o comprar
entradas. Para usarla hay que suministrar: una tarjeta de crédito o débito
(conviene añadirlas antes de partir e
incluir una copia de seguridad) y un
número de teléfono y un plan de datos
activo en China (se puede contratar
en el aeropuerto).

Conviene saber

Alipay (支付宝; Zhīfùbǎo) En China
no suele pagarse en efectivo (aunque
se acepta). Con esta *app* se puede
pagar el metro, un taxi o hacer una
transferencia. Se aconseja añadir las
tarjetas antes de partir.

Número de teléfono local En China
hacen falta dos cosas para hacer casi
todo: un número de teléfono local y
el pasaporte. Se puede prescindir del
primero, pero la vida resulta mucho
más fácil si se compra una tarjeta SIM
local en el aeropuerto. El pasaporte
debe llevarse siempre encima.

Límites Alipay y WeChat limitan las
transacciones a 3000 ¥ y cobran una
comisión del 3% por las transferencias
o compras superiores a 200 ¥.

Intranet World Wide Web no tiene
mucha presencia en China; rara vez
ofrece información práctica o venta
de entradas. En su lugar está WeChat,
que solo tiene acceso a datos de
origen chino (en chino).

VPN y mapas

Para saltarse el Gran Cortafuegos y conectar con el mundo exterior (a través de Google, Gmail, Instagram, WhatsApp, etc.), se necesita una VPN.

Se aconseja activar el plan antes de entrar en China y consultar la información actualizada de Reddit (r/chinalife), pues todo cambia constantemente. Hay que hacerse una copia de seguridad y no esperar que todo funcione al 100%.

Apple Maps es la aplicación más fiable para orientarse (y no necesita VPN), pero no está al día. Baidu Maps sí lo está, pero hay que saber chino y no es nada fácil de usar.

PRESUPUESTO DIARIO

Económico Menos de 700 ¥

- Hotel económico: 300-400 ¥
- Almuerzo y cena en restaurantes locales: 40-100 ¥
- Cerveza local: 10 ¥
- Billete de metro: 3-20 ¥

Medio 700-1500 ¥

- Habitación doble en un hotel: 600-1000 ¥
- Almuerzo y cena en restaurantes de precio medio: 100-400 ¥
- Trayectos en taxi: 50 ¥
- Entrada a lugares de interés destacados: 50-150 ¥

Alto Más de 1500 ¥

- Habitación doble en un hotel de lujo: desde 1200 ¥
- Cena en un restaurante elegante: 250-500 ¥
- Bebida en un bar de copas: 80-130 ¥
- Circuito guiado: 200-1000 ¥

Moneda
Yuan (¥; 元)

Idioma
Mandarín

Hora local
Hora estándar de China (GMT/ UTC + 8 h)

--- **CONSEJO** ---

Se aconseja usar una aplicación de traducción como DeepL o Baidu Translate. Funcionan hablándole al teléfono o sacando una foto (p. ej.: de un menú o de un cartel).

📅 Cuándo ir

Beijing es más agradable en primavera (abr-may) y otoño (sep-oct), pero se aconseja evitar la semana después de la fiesta nacional (1 oct).

En Beijing cada estación tiene sus peculiaridades. La primavera es preciosa, pero en marzo y a principios de abril arrecian las tormentas de arena del desierto de Gobi. El verano es húmedo y caluroso, aunque las frecuentes lluvias rebajan la temperatura. En otoño hace un tiempo agradable con cielos claros ideal para explorar la Gran Muralla. El invierno es frío y oscuro, con vientos crudos que soplan desde la estepa, pero las temperaturas bajo cero de enero y febrero permiten patinar sobre hielo en los lagos.

Festivales tradicionales

Enero o febrero La festividad más señalada del país es el **Festival de la Primavera** (春节; Chūn Jié). Es familiar, arranca la víspera del Año Nuevo chino y dura 15 días. Cuando empieza, Beijing está más tranquila que nunca, pues la gente lo celebra en casa, pero los principales lugares de interés están abiertos. Hay que visitar las ferias de los templos (庙会; *miàohuì*).

4 o 5 de abril El **Día de la Limpieza de Tumbas** (清明节; Qīngmíng Jié) se rinde tributo a los ancestros. Los chinos queman dinero falso en honor a sus muertos, aunque el Gobierno ha puesto freno a esta práctica.

Mayo o junio El quinto día del quinto mes lunar señala la **Fiesta del Barco del Dragón** (清明节; Duānwǔ Jié). Se come *zòngzi* (arroz glutinoso envuelto en hojas de bambú) y se celebran carreras de barcas con forma de dragón en los lagos.

Clima

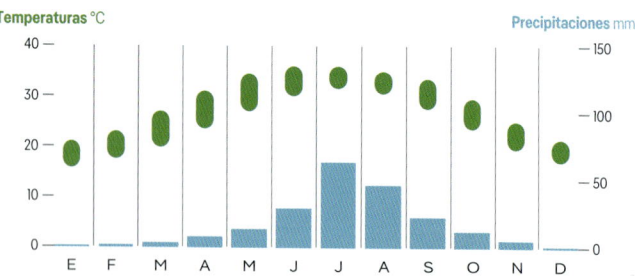

Temperaturas °C   Precipitaciones mm

E F M A M J J A S O N D

TESTING/SHUTTERSTOCK ©

Feria en un templo, Festival de la Primavera, parque Ditan (p. 67).

Septiembre u octubre El **Festival de Mediados de Otoño** (中秋节; Zhōngqiū Jié) o Festival de la Luna, célebre por los *yuèbǐng* (pasteles de luna) y las reuniones familiares.

Otras celebraciones

Enero o febrero La **Fiesta de los Farolillos** (元宵节; Yuánxiāo Jié), que cae el 15º día del Festival de la Primavera, es famosa por sus *yuánxiāo* (bolitas de arroz glutinoso).

1 de mayo Se celebra el **Primero de Mayo** (五一; Wǔyī), o Día Internacional de los Trabajadores, que inaugura una fiesta nacional de cinco días. Los lugares de interés se llenan a rebosar y el alojamiento escasea. Conviene evitarlo.

Agosto El **Festival de Música de Beijing** (北京国际音乐节; Beijing Guójì Yīnyuè Jié; bmf.org.cn), dedicado a la música clásica, acoge a intérpretes en locales de toda la ciudad.

1 de octubre El **Día Nacional de la República Popular China** (国庆节; Guóqìng Jié) conmemora el aniversario de su fundación. Cuando cae en años clave, hay grandes desfiles militares. Inaugura la Semana Dorada, fiesta nacional de siete días en que se abarrotan los lugares de interés. No hay que viajar en esa semana.

CONSEJOS SOBRE ALOJAMIENTO

Durante las grandes fiestas nacionales es difícil encontrar alojamiento, sobre todo en las semanas del 1 de mayo y el 1 de octubre, pues toda China está de vacaciones y millones de personas se desplazan por el país. En cambio, entre las épocas más económicas se cuentan Navidad, enero y justo después del Nuevo Año chino

✈ Cómo llegar

Casi todos los viajeros procedentes de Europa o América llegan en avión a los dos aeropuertos internacionales de la ciudad, el de Beijing-Capital (PEK), el principal, o al Beijing Daxing (PKX).

Desde el aeropuerto

Aeropuerto internacional de Beijing-Capital

Airport Express Este tren (25 ¥, 30 min, 6.21-23.10) conecta las terminales 2 y 3 con el centro en la estación de metro de Dongzhimen, que ofrece transbordos también a las líneas 2, 10 y 13.

Taxis Son bastante baratos (90-140 ¥) y tardan entre 30 min y 1 h, según el tráfico y el destino. Se aconseja tomarlos solo en la parada oficial.

Autobús Desde el aeropuerto sale una docena de lanzaderas a destinos de la capital y alrededores (20-30 ¥; 70 min aprox.), entre ellos las principales estaciones de trenes. Pero el Airport Express es más rápido y práctico.

Aeropuerto internacional de Beijing Daxing

Este enorme aeropuerto ofrece servicio a la región de Beijing, Tianjin y Hebei.

Tren y metro El ferrocarril interurbano Beijing–Xiong'an lleva a la estación de tren de Beijing Oeste (30 ¥, 30 min, de 6.40-20.56), que conecta con las líneas de metro 7 y 9.

El metro de Daxing es más frecuente, pero por ahora solo lleva a la estación de Caoqiao, al sur de la ciudad (35 ¥, 35 min, 6.30-10.30), donde se puede hacer transbordo a las líneas 10 y 19. Deja muy lejos del centro.

Taxi Cuestan unos 220 ¥ y tardan entre 60 y 90 min en llevar al centro. Se aconseja usar solo la parada oficial.

Otros puntos de entrada

Tren

La red del tren de alta velocidad (HSR) es la más larga y frecuentada del mundo. Casi todos los trayectos entre Beijing y otras grandes ciudades chinas se hacen en los trenes bala de categoría G, que viajan a más de 300 km/h.

En Beijing hay cuatro grandes estaciones que ofrecen viajes de larga distancia: Beijing, Beijing Oeste, Beijing Sur y Beijing Norte. Gestionan rutas internacionales a/desde Mongolia, Corea del Norte, Rusia y Vietnam, y también hay servicio a/desde Hong Kong y Lhasa (Tíbet).

Cómo desplazarse

La gran red de metro, los taxis baratos y las omnipresentes bicicletas públicas hacen que desplazarse por Beijing sea sencillo. Pero también habrá que andar mucho, pues hay lugares de interés muy destacados –como la Ciudad Prohibida o la plaza de Tiananmén– donde es necesario.

Metro

Beijing tiene la red de metro más larga y concurrida del mundo: 27 líneas que cubren 800 km.

Usarlo es fácil, pues todos los mapas, indicaciones, comunicados y máquinas de billetes emplean el inglés. Además, es barato; el precio se basa en la distancia y oscila entre 3 y 10 ¥.

Las paradas se distinguen por una señal azul marino con una "D" mayúscula blanca (de *dìtiě zhàn*; 地铁站; estación de metro) dentro de un círculo. Siempre que se toma el metro hay que pasar por el control de seguridad.

Para planificar el viaje y consultar cuánto duran los trayectos, se aconseja descargarse la aplicación Explore Beijing.

Taxis y vehículos compartidos

Hay taxis (出租车; *chūzūchē*) por doquier, pero es difícil dar con uno en horas punta, si llueve o entre 20.00 y 22.00, cuando se suele volver a casa después de cenar. Es facilísimo pedir un taxi en línea con DiDi u otra aplicación, pero para ello hay que tener un número de teléfono y una aplicación de pago locales.

UNA 'APP' ESENCIAL

Alipay sirve para todo: viajar en metro, pedir un taxi, alquilar una bici y muchas más cosas. Basta con escanear el código QR; en Apple está arriba a la derecha y en Android, abajo a la derecha.

También se puede parar uno a la antigua usanza.

Flagfall cobra 13 ¥/3 km y, a partir de ahí, 2,3 ¥/km. Después de las 23.00 las tarifas son más caras.

Casi ningún taxista habla inglés, por lo que conviene llevar el nombre y la dirección del destino escritos en chino (no en pinyin) y la tarjeta comercial del hotel para volver a casa.

Bicicleta

Es el modo más placentero de desplazarse por Beijing, sobre todo en verano (p. 67). La ciudad es llana y casi todas las calzadas tienen amplios carriles-bici.

Además, hay miles de bicicletas públicas, que son muy prácticas…

si se tiene un número de teléfono local vinculado a una tarjeta de pago y uno logra registrarse.

En el momento de escribir esta guía, la aplicación Hello Bike (哈啰单车; Hāluō Dānchē) era la más práctica para los extranjeros, pues incluía una función de traducción dentro de la miniaplicación Alipay y aceptaba pasaportes extranjeros como documentos de identificación.

Autobuses públicos

Los autobuses (公共汽车; gōnggòng qìchē) abundan y son baratos (desde 2 ¥ trayecto), pero no es fácil usarlo porque las paradas solo están en chino y las rutas son enrevesadas.

Información práctica

Pago digital

El transporte se paga sin efectivo, lo cual es muy práctico, pero para ello hay que registrarse en el sistema chino y configurar una forma de pago autorizada. Si solo se pasan dos o tres días en la capital, el embrollo de las gestiones no compensa.

Metro

Viajar en metro es facilísimo: hay que abrir Alipay, seleccionar "Transport" y luego "Metro". Una vez en la estación, escanear el código QR al entrar y al salir. El precio del billete se deduce de la tarjeta de pago vinculada.

Taxi y DiDi

Antes de viajar a China hay que instalarse la aplicación DiDi. Para pedir un taxi, hay que abrirla (o abrir la miniaplicación de WeChat o Alipay) e introducir el destino. Tras ello aparecerá una selección de vehículos junto con el precio del trayecto.

Cuando llegue el taxi, puede que el taxista pida (en chino) que le confirmen los últimos cuatro dígitos del número de teléfono. Hay que tenerlos a mano para enseñárselos. Al llegar al destino hay que pinchar en "Pay" (支付; zhīfù).

Para usar DiDi hace falta un número de teléfono local.

Dinero en efectivo

No todo el mundo quiere o puede pagar con el móvil. En China se acepta el pago en efectivo, pero conviene llevar encima billetes de diversa denominación, pues casi nadie tendrá el cambio exacto. Hay muchos cajeros automáticos, pero no todos aceptan tarjetas extranjeras. En general, las de crédito solo se aceptan en los hoteles y tiendas de lujo.

Metro

Hay que comprar un billete sencillo en una máquina expendedora o bien una tarjeta de viaje (交通一卡通; *jiāotōng yīkǎtōng;* depósito de 20 ¥) en el mostrador de información y cargarla con dinero. La tarjeta ahorra el tener que comprar un billete cada vez que se viaja.

PRECIOS

Metro
desde 3 ¥

Bicicletas públicas
1,5 ¥ ½ h

Taxi
desde 13 ¥

CONTROLES DE IDENTIDAD

A veces la policía lleva a cabo controles aleatorios de identidad en el metro. Hay que tener el pasaporte a mano.

CONSEJOS PARA USAR LAS 'APPS' DE TRANSPORTE

- Llevar una foto del pasaporte en el teléfono, pues habrá que subirla.
- Al llegar a China, comprar una tarjeta SIM local en el aeropuerto; en el momento de escribir esta guía, solo había un mostrador y estaba muy a trasmano al salir de la aduana. No se debe comprar la SIM en el país de origen, pues no incluirá un número de teléfono local vinculado al pasaporte, lo cual es imprescindible.
- Wise (wise.com) ofrece una tarjeta electrónica de débito, tipos de cambio excelentes y no cobra comisión por las transacciones, pero es probable que el banco del viajero cobre una tasa inicial por ingresar dinero en la tarjeta.

🎁 Otra cara de Beijing

Entre los centros comerciales del s. XXI y los rascacielos futuristas, quedan restos de la ciudad antigua, cuyas raíces se hunden en un pasado lejano.

'Hutong'

La esencia de Beijing son los *hutong* (胡同), sus inconfundibles callejas residenciales de ladrillo gris, rincones intemporales que ofrecen un atisbo de la vida tradicional. No hace mucho, casi todo el centro era un gigante tablero de *hutong* y casas con patios, pero hoy solo hay unos cuantos reductos aislados en el casco antiguo. Se recomienda contratar un circuito por ellos con **Beijing Postcards** (p. 100) o visitar el **Museo Shijia Hútòng** (p. 49).

Centros de sacrificio

La colección pekinesa de templos y altares imperiales distingue a la capital de otras ciudades chinas. El emperador y su corte celebraban sacrificios para proteger el imperio de la posible ira divina. Entre los centros sacrificiales había nueve altares, como el del **templo del Cielo** (p. 73) o el de la Agricultura, que hoy es el **Museo de Arqui-**tectura Antigua (p. 102), y otros en antiguos templos, como el templo Imperial Ancestral, llamado desde la década de 1920 **Palacio Cultural de los Trabajadores** (p. 44); el **templo de los Antiguos Monarcas** (p. 91) y el **palacio de Shouhuang** (p. 45).

Arquitectura moderna

En 1997, el Partido Comunista anunció su plan para triplicar el espacio vital de la población urbana: sacar a millones de personas de sus casas tradicionales (que, según ellos, carecían de comodidades) y trasladarlas a ciudades satélite. En el espacio liberado, brotaron en las dos décadas siguientes rascacielos y centros comerciales. China seconvirtió en una inmensa zona en construcción hasta el 2016, año en que el presidente Xi decretó una moratoria sobre los nuevos edificios. Desde el bar **Atmosphere** (p. 116), en la 80ª planta, se pueden admirar varios de estos edificios.

FUERA DE RUTA

Entre la Ciudad Prohibida y la plaza de Tiananmén hay dos parques llenos de cipreses: el del **Palacio Cultural de los Trabajadores** (p. 44) y el **parque Zhongshan** (p. 44). Acimuts, sextantes y un calendario tradicional destacan en el Antiguo Observatorio (p. 49).

El **Guardian Art Center** (p. 47) acoge exposiciones de artesanía china y arte internacional. Se pueden ver los únicos restos que se conservan de las murallas de la ciudad en la **torre de vigilancia de la Esquina Sureste** (p. 77).

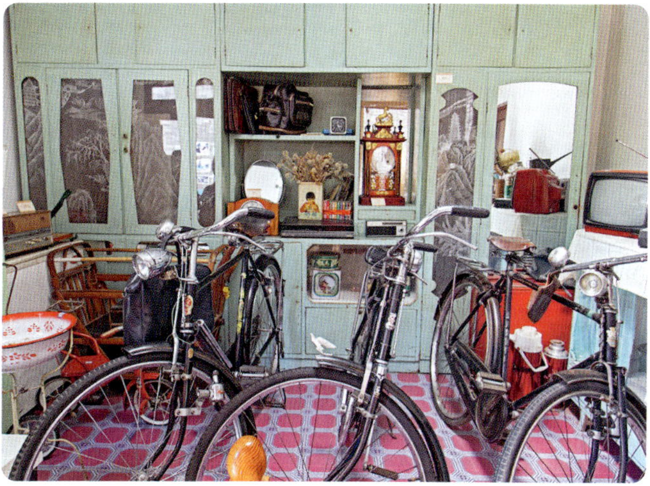

CHERRY-HAI/SHUTTERSTOCK ©

Museo Shijia Hútòng (p. 49).

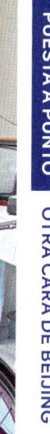

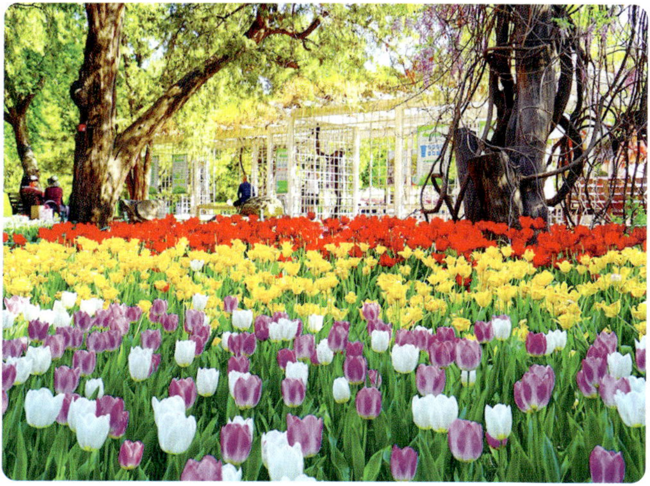

IFRAHEEM SIDDIQUE AWAN/SHUTTERSTOCK ©

Parque Zhongshan (p. 44).

Explora Beijing

Merece la pena

Circuitos a pie

Lago Kunming, palacio de Verano (p. 125).
GONG HANGXU/GETTY IMAGES ©

Sugerencias de lugares para comer y beber en **p. 51**

Explora
Ciudad Prohibida
y centro de Dongcheng

Aquí, en el corazón del Reino Medio, está el Beijing que seguramente se imagina: la momia de Mao en su mausoleo de la plaza de Tiananmén y los fantasmas de los emperadores recorriendo las 9999 estancias de la Ciudad Prohibida, el complejo palaciego más grande del mundo. El centro conserva su trazado histórico, un fabuloso diseño de orden divino. Esto último se entenderá en cuanto se suba la cuesta del parque Jingshan y se admire la descomunal escala y simetría del eje central desde la cima. Y tras conocer lo esencial, hay que visitar los templos y museos menos conocidos de sus *hutong*.

Cómo desplazarse

 Línea 1 de metro
De este a oeste, para en Tiananmén Este (plaza de Tiananmén y Ciudad Prohibida), Wangfujing (restaurantes) y Jiangguomen (antiguo observatorio).

 Línea 2 de metro
Discurre en círculo; para en Qianmen (plaza de Tiananmén), Jiangguomen (antiguo observatorio) y Dongsi Shitiao (Museo de Arte Poly).

 Línea 5 de metro
De norte a sur, para en Dengshikou (Museo Shijia Hútòng) y Zhangzizhong Lu (restaurantes).

 Línea 8 de metro
De norte a sur, para en Jinyu Hútòng (Ciudad Prohibida) y en el Museo Nacional de Arte.

Puerta de la Ciudad Prohibida (p. 38).
BEN COX/SHUTTERSTOCK ©

LO MEJOR

HISTORIA
Ciudad Prohibida (p. 38)

RÉGIMEN COMUNISTA
Plaza de Tiananmén (p. 34)

PATO A LA PEKINESA
Siji Mínfú (p. 51)

VISTAS PANORÁMICAS
Parque Jingshan (p. 45)

OBRAS DE ARTE
Museo Nacional de China (p. 36)

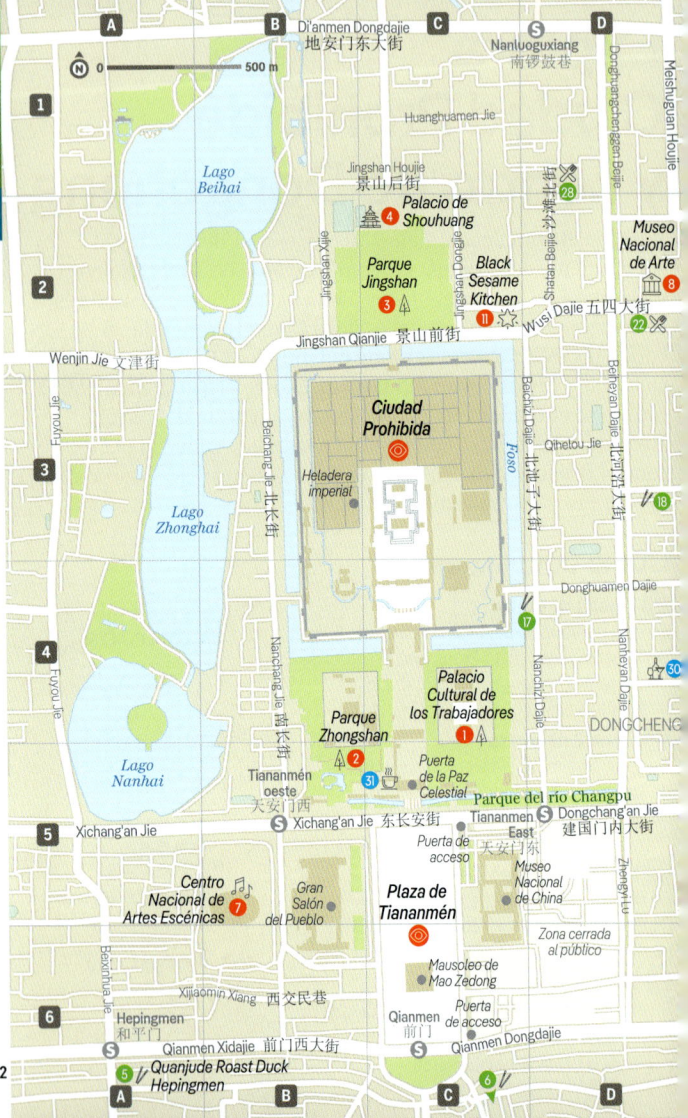

Di'anmen Dongdajie
地安门东大街

Nanluoguxiang
南锣鼓巷

Dongchangshenggen Dajie

Meishuguan Houjie

Huanghuamen Jie

Lago Beihai

Jingshan Houjie
景山后街

Palacio de Shouhuang

Museo Nacional de Arte

Parque Jingshan

Black Sesame Kitchen

Wusi Dajie 五四大街

Wenjin Jie 文津街

Jingshan Qianjie 景山前街

Ciudad Prohibida

Beihei Dajie 北池子大街

Foso

Lago Zhonghai

Heladera imperial

Qihetou Jie

Donghuamen Dajie

Nanheyan Dajie

DONGCHENG

Lago Nanhai

Palacio Cultural de los Trabajadores

Fuyou Jie

Nanchang Jie 南长街

Beixinhua Jie

Parque Zhongshan

Puerta de la Paz Celestial

Tiananmén oeste
天安门西

Parque del río Changpu

Xichang'an Jie

Xichang'an Jie 东长安街

Tiananmén East
天安门东

Dongchang'an Jie
建国门内大街

Centro Nacional de Artes Escénicas

Gran Salón del Pueblo

Plaza de Tiananmén

Museo Nacional de China

Zona cerrada al público

Mausoleo de Mao Zedong

Xijiaomin Xiang 西交民巷

Hepingmen
和平门

Quanjude Roast Duck Hepingmen

Qianmen Xidajie 前门西大街

Qianmen
前门

Puerta de acceso

Qianmen Dongdajie

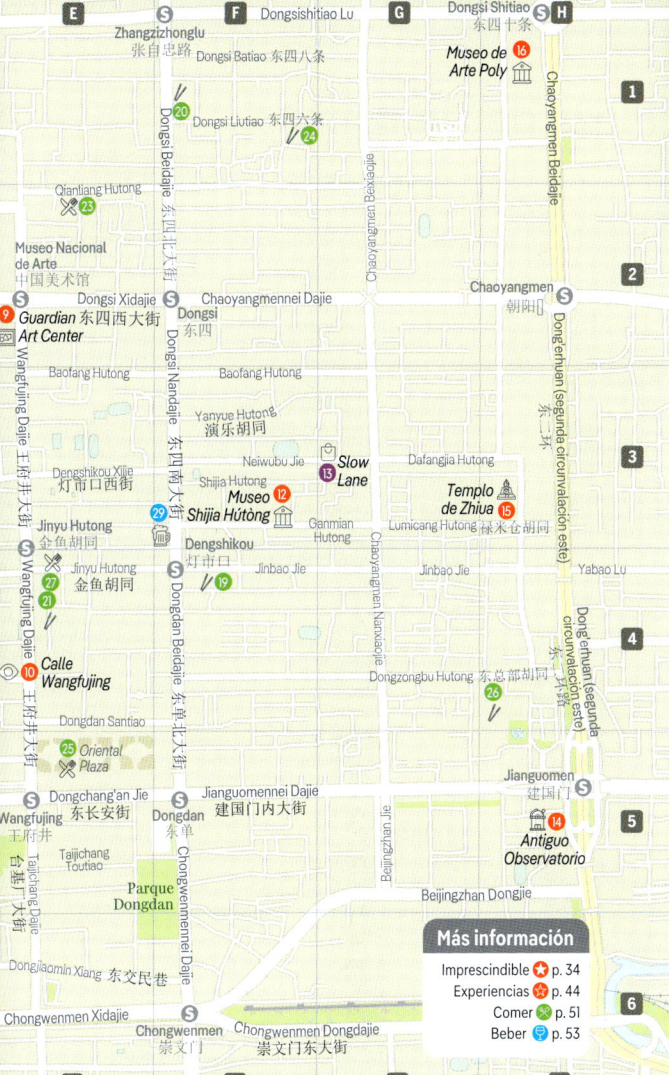

E Zhangzizhonglu
张自忠路

F Dongsishitiao Lu

G Dongsi Shitiao
东四十条

H

Dongsi Batiao 东四八条

Museo de
Arte Poly **16**

Chaoyangmen Beidajie

1

Dongsi Liutiao 东四六条 **24**

Dongsi Beidajie 东四北大街

Chaoyangmen Beixiaojie

Qianliang Hutong **23**

Museo Nacional
de Arte
中国美术馆

Dongsi Xidajie 东四西大街 Dongsi
东四

Chaoyangmennei Dajie

Chaoyangmen
朝阳门 **2**

Guardian **9**
Art Center

Baofang Hutong

Baofang Hutong

Dongsi Nandajie 东四南大街

Dong'erhuan (segunda circunvalación este) 东二环

Wangfujing Dajie 王府井大街

Dengshikou Xijie
灯市口西街

Yanyue Hutong
演乐胡同

Neiwubu Jie

Slow **13**
Lane

Dafangjia Hutong

Templo
de Zhua **15** 禄米仓胡同

3

Shijia Hutong

Museo **12**
Shijia Hútòng 史家胡同

Lumicang Hutong

Jinyu Hutong **29**
金鱼胡同

Dengshikou
灯市口

Ganmian
Hutong

Yabao Lu

Jinyu Hutong **27**
金鱼胡同 **21**

Dengshikou Beidajie 东单北大街

19

Jinbao Jie

Chaoyangmen Nandajie

Jinbao Jie

Dong'erhuan (segunda circunvalación este) 东二环

4

Calle **10**
Wangfujing
王府井大街

Dongzongbu Hutong 东总部胡同 **26**

Wangfujing Dajie

Dongdan Santiao

Oriental **25**
Plaza

Dongchang'an Jie 东长安街
Wangfujing
王府井

Jianguomennei Dajie 建国门内大街

Dongdan
东单

Jianguomen
建国门

5

Beijingzhan Xijie

Taijichang
Toutiao

Antiguo **14**
Observatorio

Taijichang Dajie

Parque
Dongdan

Chongwenmennei Dajie

Beijingzhan Dongjie

Dongjiaomin Xiang 东交民巷

Más información

6

Chongwenmen Xidajie

Chongwenmen
崇文门

Chongwenmen Dongdajie
崇文门东大街

Imprescindible ⭐ p. 34
Experiencias 🌸 p. 44
Comer ✕ p. 51
Beber 🍷 p. 53

E **F** **G** **H**

★ **IMPRESCINDIBLE**

Plaza de Tiananmén

Esta plaza (天安门广场, Tiān'ānmén Guǎngchǎng), flanqueada por edificios de estilo soviético y corte triunfal, es sagrada para el Partido Comunista. Bajo la inquietante mirada del retrato de Mao y acechada por las almas de los manifestantes asesinados en el pasado, no es un lugar rebosante de paz, pero sí uno de los más conmovedores del país.

PLANO: P. 32 **C5**

CONSEJO
Se reserva a través de WeChat. Si no se sabe chino y no se tiene un número de teléfono local, siempre se puede pedir ayuda a una agencia de viajes o en el hotel.

Escanea este código QR para reservar la entrada a la plaza de Tiananmén con una agencia de viajes local.

Entrada y orientación

En el momento de escribir esta guía, Tiananmén tenía dos entradas: una en la parada de Tiananmén Este (línea 1) y la otra en la de Qianmen (línea 2). La seguridad es muy estricta: los bolsos se registran como mínimo una vez, y el pasaporte se pide muchas (las reservas están vinculadas al número de pasaporte, por lo que no hace falta entrada digital). Por la mañana puede haber colas de hasta 2 h; por la tarde la espera es más breve. Una vez en la plaza, se pueden visitar tres lugares de interés: el mausoleo de Mao Zedong (en el centro), el Museo Nacional de China (este) y la puerta de la Paz Celestial (norte). Si se quiere ir el mismo día a la Ciudad Prohibida, es mejor visitar primero la plaza, pues a la inversa no se puede acceder a ella.

La plaza

Hasta cierto punto, la forma rectangular de la plaza de Tiananmén, con sus banderas rojas ondeando al viento, rinde pleitesía a la cultura tradicional china, pero casi todos sus edificios y adornos son de inspiración soviética. Mao la concibió para que reflejara el poder del Partido Comunista, y durante la Revolución Cultural pasó allí revista a desfiles de hasta un millón de personas. En el

Soldados en la puerta de la Paz Celestial (p. 36).
CHAMELEONSEYE/SHUTTERSTOCK ©

centro se alza el monumento a los Héroes del Pueblo, un obelisco de 40 m de altura.

Antes del fin de la dinastía Qing, esta zona fue la sede de los principales ministerios de la corte imperial, que flanqueaban un largo paseo desde las murallas de la ciudad interior y la puerta de Qianmen (hoy cerrada al público), en la punta sur de la plaza. También era el lugar donde plebeyos y funcionarios presentaban sus quejas al emperador, práctica que se recuperó varias veces en el s. XX. Primero, el 4 de mayo de 1919, cuando los estudiantes reclamaron un gobierno más fuerte; y de forma trágica en 1989, tras la muerte del secretario general reformista Hu Yaobang, cuando estudiantes y obreros protestaron contra la dictadura. Según fuentes oficiales, el número de muertos de la represión ascendió a 200; según la Cruz Roja, se superaron los 2600.

UNA PAUSA
Hay varios cafés sencillos en la esquina sureste de la plaza, cerca de la entrada de Qianmen. Pero es mejor el del Museo Nacional (solo accesible con la entrada para visitar el museo).

LAS PROTESTAS DE 1989

Fuera de China, la plaza de Tiananmén es famosa por los trágicos sucesos del 3 y el 4 de junio de 1989. Tras seis semanas de protestas contra el régimen en que participaron cerca de un millón de estudiantes y trabajadores, el ejército recibió la orden de aplastar el "motín contrarrevolucionario". Hoy son pocos los jóvenes chinos que han oído hablar de las protestas y las muertes subsiguientes, una masacre que se borrado de la conciencia colectiva.

Si se madruga se verá la **ceremonia de la izada de bandera,** que ejecuta un contingente del Ejército Popular de Liberación (EPL) tras desfilar a 108 pasos por minuto (75 cm por paso). En el ocaso se celebra la ceremonia inversa.

Mausoleo de Mao Zedong

Uno de los espectáculos más grotescos de Beijing es la exhibición pública del cadáver embalsamado de Mao Zedong en este **mausoleo** (毛主席纪念堂, Máo Zhǔxí Jìniàntáng), situado en pleno centro de la plaza. Para verlo hay que reservar con antelación por WeChat (solo en chino); abre de 8.00 a 12.00 (ma-do). Es difícil conseguir entrada.

Museo Nacional de China

Por desgracia, el mejor **museo** (中国国家博物馆, Zhōngguó Guójiā Bówùguǎn) de Beijing está en la gran zona de seguridad de la plaza de Tiananmén. Para visitarlo, hay que pasar dos veces por la cola de control (una para entrar en la plaza y otra para el museo). Pero la molestia vale la pena. El sótano es su protagonista indiscutible, pues aloja numerosas galerías con artefactos que abarcan toda la historia de la civilización china, desde piezas prehistóricas de bronce y jade a figurillas de la dinastía Han, pasando por cerámica, caligrafía y esculturas budistas de valor incalculable. El museo, en un bloque de estilo socialista en el este de la plaza, uno de los 10 grandes edificios que Mao mandó erigir en 1959 para celebrar la primera década de la República Popular. Hay que reservar las entradas por separado y con antelación (por WeChat, en chino).

Puerta de la Paz Celestial

La **puerta de la Paz Celestial** (天安门, Tiān'ānmén), inconfundible por su retrato gigante de Mao, es todo un símbolo nacional. Fue la mayor de las cuatro puertas de las murallas de la ciudad

Mausoleo de Mao Zedong.
RICHIE CHAN/SHUTTERSTOCK ©

imperial y a sus pies Mao proclamó la fundación de la República Popular China en 1949. Desde entonces, ha sido el lugar desde donde todo presidente se ha dirigido al país y acaudillado los desfiles militares. Ofrece unas vistas soberbias de la plaza y merece visitarse, para lo cual hay que sacar entradas con antelación (por WeChat, en chino; se agotan enseguida). Los extranjeros deben mostrar el pasaporte en la ventanilla de atención al cliente, recoger una entrada en papel y dejar en consigna todos los bolsos antes de entrar. El balcón es uno de los lugares emblemáticos de la China comunista.

La puerta se puede cruzar sin entrada y lleva a la Ciudad Prohibida. Se recomienda visitarla en último lugar, pues, una vez se cruza, ya no se puede volver a la plaza.

EL GRAN SALÓN DEL PUEBLO
Este salón (1959) estalinista, monolítico e intimidante al oeste de la plaza de Tiananmén, es la sede del órgano más alto del poder estatal, la Asamblea Popular Nacional. En el momento de escribir esta guía estaba cerrada al público.

Ciudad Prohibida

Pese a su antigüedad, solo ha pasado un siglo desde que el último emperador abandonó la **Ciudad Prohibida** (紫禁城, Zǐjìn Chéng), la divina fortaleza desde la que irradia Beijing. Dentro, se acumulan los tesoros y las historias de 24 gobernantes y sus consortes, eunucos y doncellas de palacio.

PLANO: P. 32 **C3**

CONSEJO

Hay que reservar las entradas en línea con mucha antelación. Si están agotadas, se recomienda probar el servicio de 'reventa' de la web oficial.

Escanea este código QR para reservar entradas para la Ciudad Prohibida.

Cómo planificar la visita

La Ciudad Prohibida puede visitarse en unas horas, pero para verla bien hay que dedicarle un día entero, pues es colosal. Como pasa con el Louvre, no se puede ver todo de una vez, por lo que conviene centrarse en las partes más interesantes. Muchos visitantes optan por los salones ceremoniales y los patios de armas del **patio exterior** (mitad sur), pero la auténtica aventura está en el **patio interior:** un laberinto de patios y salas al norte del anterior con una escala más humana.

Si se llega desde la plaza de Tiananmén, se entrará por la **puerta de la Paz Celestial** (p. 36). De lo contrario, se entra por el lado este del palacio, en **Donghuamen Dajie,** desde donde se cruza el foso y se sigue hasta la puerta Meridiana. Después del control de seguridad, se puede alquilar una audioguía (40 ¥) antes de entrar por la puerta Meridiana. La Ciudad Prohibida cierra los lunes.

Historia

Este colosal complejo palaciego se erigió en el solar de un palacio de la era de Kublai Kan y alojó a dos dinastías imperiales, Ming y Qing. Pese al aire decadente del complejo, los emperadores llevaban una existencia muy ordenada regida por un estricto protocolo y un sofocante código de conducta, que incluía una jornada laboral de 4.00 a 20.00 y el

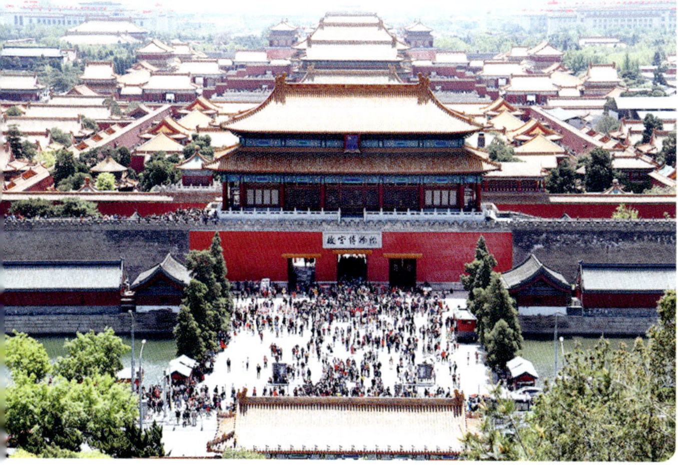

Puerta Meridiana.
DIGITAL FRIENDS/SHUTTERSTOCK ©

registro detallado de su vida sexual. En cierto sentido, era como si estuvieran bajo un arresto domiciliario de lujo. Y, de hecho, durante la dinastía Qing, muchos huían a los jardines del **Antiguo Palacio de Verano** (p. 129). En 1911, la revolución acabó con el gobierno dinástico.

La Ciudad Prohibida se rebautizó como Museo de Palacio (故宫博物馆, Gùgōng Bówùguǎn) y la entrada de los ciudadanos de a pie ya no equivalía a la muerte instantánea. En 1925 abrió como museo, tan solo un año después de que Puyi, el último emperador, abandonara el patio interior. El complejo celebró su 600° aniversario en el 2020, y el 100° como museo en el 2025.

Patio exterior

Lo dominan los Tres Grandes Salones, situados en vastos patios empedrados con aforo para miles de dignatarios y sus silleteros, guardias y criados.

UNA PAUSA
El mejor sitio para comer está bajo los techos abovedados de la antigua heladera imperial (冰窖餐厅, Bīngjiào Cāntīng), al oeste de la puerta de la Pureza Celestial. No hay que confundirla con la cafetería homónima.

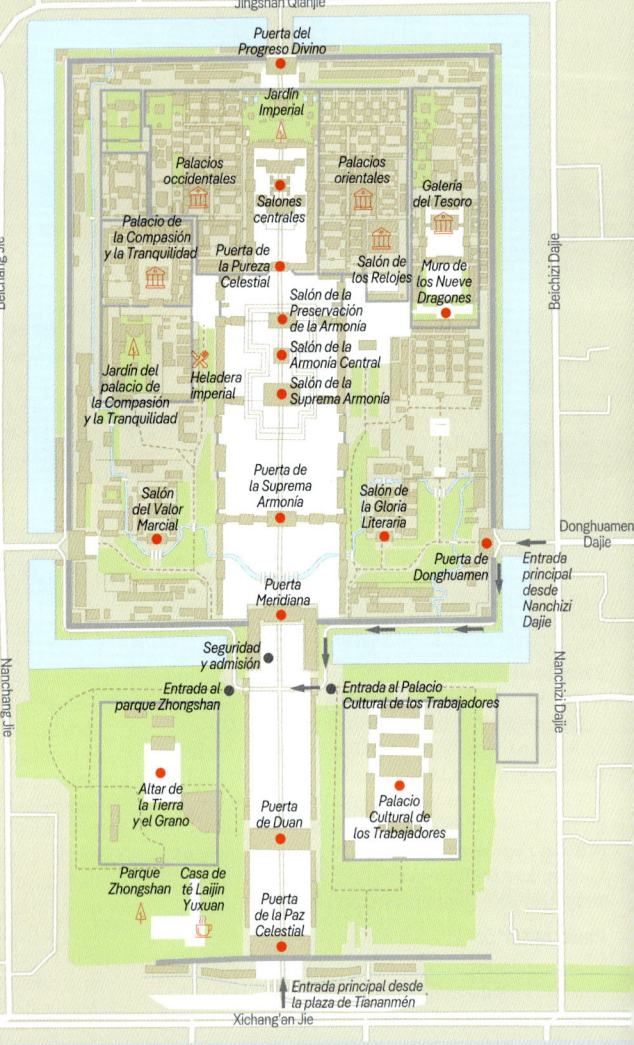

Jingshan Qianjie

Puerta del
Progreso Divino

Jardín
Imperial

Palacios
occidentales

Salones
centrales

Palacios
orientales

Galería
del Tesoro

Palacio de
la Compasión
y la Tranquilidad

Puerta de
la Pureza
Celestial

Salón de
los Relojes

Muro de
los Nueve
Dragones

Salón de la
Preservación
de la Armonía

Jardín del
palacio de
la Compasión
y la Tranquilidad

Heladería
imperial

Salón de la
Armonía Central

Salón de la
Suprema Armonía

Beichang Jie

Beichizi Dajie

Salón
del Valor
Marcial

Puerta de
la Suprema
Armonía

Salón de
la Gloria
Literaria

Donghuamen
Dajie

Puerta de
Donghuamen

Entrada
principal
desde
Nanchizi
Dajie

Puerta
Meridiana

Seguridad
y admisión

Entrada al
parque Zhongshan

Entrada al Palacio
Cultural de los Trabajadores

Nanchang Jie

Nanchizi Dajie

Altar de
la Tierra
y el Grano

Puerta
de Duan

Palacio
Cultural
de los
Trabajadores

Parque
Zhongshan

Casa de
té Laijin
Yuxuan

Puerta
de la Paz
Celestial

Entrada principal desde
la plaza de Tiananmén

Xichang'an Jie

El **salón de la Suprema Armonía** es el edificio más destacado y grande de la Ciudad Prohibida. Se usaba en celebraciones de Estado, como el cumpleaños del emperador, las coronaciones y el nombramiento de los dirigentes militares. Guarda el historiado trono del Dragón desde el que el emperador presidía los actos frente a los amedrentados funcionarios. Detrás está el **salón de la Armonía Central,** una antesala cuadrada donde el emperador hacía preparativos de última hora, ensayaba discursos y recibía a los ministros. El tercero es el **salón de la Preservación de la Armonía,** donde se acogían banquetes y, más tarde, los exámenes imperiales.

Galerías laterales

Las galerías laterales del patio exterior brindan un tranquilo respiro de la ruta principal. El **salón del Valor Marcial** era otro de los lugares donde los emperadores recibían a los ministros. El **salón de la Gloria Literaria** era la residencia del príncipe heredero. Ambos ofrecen exposiciones temporales.

Patio interior

Si no se tiene todo el día, es mejor centrarse en una o dos zonas del patio interior. Son todas fascinantes.

Palacio de la Compasión y la Tranquilidad

Al oeste del salón de la Preservación de la Armonía está el **palacio de la Compasión y la Tranquilidad** (1536), donde residían la emperatriz y las consortes de los emperadores muertos, a quienes no se permitía servir al nuevo regente. El complejo principal tiene una espléndida exposición de estatuas budistas, y el colindante **palacio de la Longevidad y la Salud** muestra el mobiliario de época de la emperatriz viuda Chongqing (1736-1777). Al sur está el **jardín del palacio de la Compasión y la Tranquilidad.**

Galería del Tesoro

Al este del salón de la Preservación de la Armonía está el vasto **palacio de la Longevidad Tranqui-**

PALACIO DE YANXI

No es fácil hacerse una idea de cómo era la vida en la Ciudad Prohibida en una visita, pero la serie *The Story of Yanxi Palace* ofrece una recreación dramática, exuberante (y algo naif) que narra las aventuras de la ingeniosa bordadora Wei Yingluo mientras lidia con los peligros de la vida en la corte y se alza con el poder entre las consortes imperiales. La más enjundiosa (y oscarizada) película *El último emperador,* de Bernardo Bertolucci, se rodó aquí.

EL JARDÍN IMPERIAL

En la punta norte de la Ciudad Prohibida está el jardín Imperial, donde los emperadores y sus consortes se retiraban a leer, relajarse, tomar el té y pasear entre rocallas y cipreses centenarios. En el centro está el salón de la Paz Imperial, con tejado de doble alero. En el refugio del Cultivo Espiritual, el tutor escocés Reginald Johnston daba clases de inglés al último emperador, Puyi.

la, también llamado Galería del Tesoro (entrada separada; 10 ¥), que el emperador Qianlong mandó construir en 1771. Hoy contiene salas pintorescas, jardines y edificios con patio que alojan bellas piezas de la colección del Museo de Palacio.

Entre lo más destacado se cuenta el precioso **muro de los Nueve Dragones,** compuesto por azulejos de cerámica vidriada y uno de los tres únicos de su índole en China, así como el mirador de las Alegres Melodías, una ópera de madera de tres plantas.

Antes de visitar la Galería del Tesoro, hay que ir al **salón de los Relojes** y al **salón de la Abstinencia,** donde el emperador se purificaba para celebrar rituales importantes.

Salones centrales

El trazado del patio exterior se refleja en el siguiente grupo de edificios del eje central, al que se accede por la puerta de la Pureza Celestial. Estos edificios eran más importantes en cuanto al ejercicio del poder real, que en China suele residir en la trastienda.

El primero es el **palacio de la Pureza Celestial,** que en su origen fue la residencia de los emperadores Ming y de los primeros Qing; y después, un salón de audiencia para recibir a emisarios extranjeros y altos funcionarios. Justo detrás está el **salón de la Unión,** que contiene una clepsidra, es decir, un reloj de agua de 1745 hecho con cinco vasijas de bronce y una escala calibrada. El **palacio de la Tranquilidad Terrenal** era la cámara nupcial de la pareja imperial y la estancia desde donde la emperatriz gobernaba el patio interior.

Palacios orientales y occidentales

Al este y oeste de los tres salones centrales menores hay una docena de patios palaciegos más pequeños con viviendas independientes, donde vivían casi todos los emperadores. Muchos albergan mobiliario imperial, sobre todo los del oeste.

Muro de los Nueve Dragones.
ZHAO JIAN KANG/SHUTTERSTOCK ©

En la era Qing, las consortes y sus hijos vivían en los seis **palacios orientales,** cuyas exposiciones ofrecen todo un abanico de reliquias culturales, desde cerámica y jade a instrumentos musicales y vasijas ceremoniales de bronce. El más original es el palacio de la Felicidad Prolongada (o palacio Yanxi), edificio inacabado de estilo occidental del s. XX con una historiada fachada tallada en mármol blanco.

Entre los seis **palacios occidentales** se cuenta el palacio de la Elegancia Acumulada, que contiene fotografías y artefactos relacionados con el último emperador, Puyi, que vivió en él cuando era un niño. En el palacio del Honor Terrenal, con interiores de época, la emperatriz viuda Cixí recibió a los cortesanos en su 50° aniversario. Como joven consorte, vivió en el palacio de la Elegancia Acumulada, al norte. Encabeza los palacios occidentales el salón del Cultivo Mental, que solía hacer las veces de residencia y despacho del emperador.

EJE CENTRAL
La Ciudad Prohibida tiene una planta casi simétrica dispuesta sobre un eje norte-sur de 7,8 km que discurría al sur hasta la puerta de Yongding y al norte hasta las torres del Tambor y la Campana.

Del culto a los ancestros a la lucha de clases
PARQUE

PLANO: **1** P. 32 **C4**

Ocultos entre la plaza de Tiananmén y la Ciudad Prohibida hay dos paradisíacos rincones verdes: el **Palacio Cultural de los Trabajadores** (劳动人民文化宫, Láodòng Rénmín Wénhuà Gōng), al este, y el parque Zhongshan, al oeste. Ambos están abiertos al público y no hay necesidad de reservar para ver sus principales lugares de interés.

Durante varios siglos, el Palacio Cultural, antaño el **templo Ancestral Imperial** (太庙, Tài Miào), fue uno de los santuarios más sagrados de Beijing, donde los emperadores rendían culto a los dioses. Sus tres salones son un ejemplo excelso de arquitectura Ming, y sus antiguos cipreses y pinos –uno de ellos plantado por un emperador Ming– flanquean el acceso a la puerta Vidriada de Cinco Colores, que, según se afirma, es la original del s. xv. De ser cierto, sería más antigua que las de la contigua Ciudad Prohibida, en su mayor parte de la dinastía Qing.

Dentro, unos puentes de mármol llevan a tres tramos de escaleras que suben hasta el magnífico salón Sacrificial, parecido al de la Suprema Armonía de la Ciudad Prohibida. Solo las almas podían subir por el centro; el emperador quedaba relegado al tramo izquierdo. La sala alojaba los tronos de los regentes difuntos y sus consortes; hoy ofrece exposiciones de caligrafía.

Tomar el té en el parque Zhongshan
PARQUE

PLANO: **2** P. 32 **B5**

Este bonito parque (中山公园, Zhōngshān Gōngyuán) se bautizó en honor al primer presidente de China, Sun Yat-sen (alias Sun Zhongshan), que yace enterrado aquí. Está en la punta suroeste de la Ciudad Prohibida y en su día fue un jardín imperial que contenía el sacro **altar de la Tierra y el Grano,** donde el emperador ofrecía sacrificios dos veces al año. El altar, una tarima cuadrada al aire libre, es la pieza central. Las salas de alrededor ofrecen exposiciones sobre los ritos sacrificiales. En 1914, pasó a ser el primer parque público de Beijing.

Pero la verdadera joya del parque es la histórica casa de té Laijin Yuxuan (p. 53), un sitio excelente para hacer un alto entre las visitas a la plaza de Tiananmén y la Ciudad Prohibida. Hay que saborear una taza de té de jazmín y probar sus famosos bollitos al vapor (de cerdo y hojas de mostaza), mientras el balsámico sonido de la cítara china ahuyenta el trasiego turístico. Desde que abrió en 1915, es punto de encuentro de intelectuales chinos, entre ellos el escritor Lu Xun.

Subir a la cima del parque Jingshan

PARQUE

PLANO: **3** P. 32 **C2**

El mejor **parque** de Beijing (景山公园, Jǐngshān Gōngyuán) está frente a la puerta norte (salida) de la Ciudad Prohibida. A primera vista, jamás se diría que es un cerro artificial, pero se creó hace siglos con el sedimento resultante tras cavar el foso palaciego. Su ubicación cumple con los principios del *feng shui,* pues protege el palacio de la energía *yin* negativa –y de las tormentas de arena– del norte.

El colofón perfecto de toda visita a la Ciudad Prohibida es subir a su cumbre de 46 m, que brinda vistas sensacionales de Beijing y del palacio a sus pies. Si se coordina el ascenso con la puesta de sol, se obtendrán fotos arrebatadoras. Otra opción es subir al amanecer para unirse a los ancianos que acuden a practicar taichí, danza o jugar al *jiànzi.*

En el lado este se alza una sófora donde, según la leyenda, se ahorcó el último emperador Ming cuando una revuelta campesina irrumpió en la capital sin oposición alguna.

Veneración imperial en el palacio de Shouhuang

TEMPLO

PLANO: **4** P. 32 **C2**

Este **palacio** (寿皇殿, Shòuhuáng Diàn) está ubicado en la punta norte del parque Jingshan. Se construyó

LOS MANCHÚES

Fueron los gobernantes de la última dinastía imperial china, los Qing, que llegaron a Beijing en 1644 desde el noreste de Asia.

Al ser extranjeros, se tomaron muchas molestias para presentarse como sucesores legítimos, mientras, por otro lado, trataban de conservar su lengua y sus costumbres. Por ejemplo, prohibieron a las mujeres manchúes que se vendaran los pies y a los chinos han que se asentaran en Manchuria (sin éxito), y obligaron a todos los hombres a adoptar el peinado manchú (con cola) so pena de muerte.

Pese a ello, cuando acabó la dinastía Qing, muchos manchúes ya eran indistinguibles de los chinos del norte.

en 1749 durante el reinado del emperador Qianlong para honrar a sus ancestros manchúes. Bajo el régimen comunista pasó a ser el palacio de los Niños. En el 2018 se restauraron sus salas. No hay que perderse las exposiciones del patio trasero, que ofrecen un vídeo, cuadros y maquetas a escala de ritos y procesiones imperiales. También hay dos hornos de cerámica vidriada verde y amarilla que se usaban para quemar seda y tablillas espirituales a modo de ofrenda a los antepasados.

El pato laqueado perfecto COMIDA

Pocos viajeros se van sin probar el **pato a la pekinesa** (烤鸭, kǎoyā), el mítico plato de la capital. Su origen se remonta al s. XIV, que es cuando se consignó en los recetarios imperiales, aunque hoy casi todos los restaurantes lo hacen con los típicos hornos abiertos con ganchos que empezó a usar **Quanjude Roast Duck** (PLANO: **5** P. 32 **A6**) el local de pato asado más famoso de Beijing. Quanjude también introdujo el método de asado sobre madera de árboles frutales para aromatizar la piel y la práctica de envolver la carne en finas tortitas de trigo.

A la hora de pedirlo, se puede escoger entre medio pato (para 2 personas) o el pato entero (3-4 personas); si se pide entero, se suele cortar en la misma mesa delante del cliente. Entretanto, se puede abrir el apetito mojando pedazos de crujiente piel en azúcar.

Una vez cortado, hay que meterlo en las tortitas. Se empieza por mojar dos o tres lonchas de carne en la salsa de alubias fermentadas y luego se colocan sobre la tortita abierta. Se añade cebollino y pepino cortado en juliana y, si se quiere, algún encurtido y salsa de ajo. Se cierra la tortita en un semicírculo y luego se dobla por los extremos para que no se derrame la salsa. Y listo. Tradicionalmente, al acabar se sirve una ligera sopa de pato para limpiar el paladar,

pero algunos restaurantes la sirven junto con la carne.

Hay muchos sitios donde probar esta delicia: tres de los más populares son Sìjì Mínfú (p. 51), Taste of Dadong (p. 51) y **Biànyífāng** (PLANO: **6** P. 32 **C6**). Los dos primeros tienen locales al este de la Ciudad Prohibida; el último tiene uno al sureste de la plaza de Tiananmén.

Música clásica en "el Huevo" MÚSICA CLÁSICA

PLANO: **7** P. 32 **B5**

El **Centro Nacional de Artes Escénicas** (国家大剧院, Guójiā Dàjùyuàn; 2 Xichang'an Jie, 西长安街2号), apodado "el Huevo", se alza cual nave espacial en medio de un lago artificial. Es un edificio surrealista diseñado por Paul Andreu que programa espectáculos de ópera (china y occidental), *ballet* y música clásica. La reserva en línea solo se ofrece en chino.

Aunque no se asista a ningún espectáculo, se puede visitar de día para admirar su arquitectura y echar un vistazo a sus tres auditorios.

Creaciones contemporáneas en el Museo Nacional de Arte MUSEO

PLANO: **8** P. 32 **D2**

El **Museo Nacional de Arte** (中国美术馆, Zhōngguó Měishùguǎn; 1 Wusi Dajie, 王府井大街1号), inaugurado en 1963 con el respaldo personal de Mao

Zedong, se concibió como el centro neurálgico de expresión artística de la República Popular.

En los últimos años se ha sacudido su fama de programar exposiciones propagandísticas supervisadas por el Estado y ha invitado a galerías extranjeras. Además, ha renovado su producción, a menudo en colaboración con la prestigiosa Academia Central de Bellas Artes de Beijing. Suele haber al menos cuatro exposiciones a la vez. Los lunes cierra.

Admirar antigüedades en el Guardian Art Center   GALERÍA

PLANO: ❾ P. 32 **E2**

El **Guardian Art Center** (嘉德艺术中心, Jiādé Yìshù Zhōngxīn; 1 Wangfujing Dajie, 王府井大街1号) es la mayor casa de subastas china. Su nueva sede frente al Museo Nacional de Arte es un precioso edificio de dos plantas compuesto por bloques rectangulares entrelazados adornados con aberturas circulares de distinto tamaño y rematado por ladrillos de cristal. En su interior hay un espacio de exposición, el salón de subastas, una tranquila librería y un café, junto con el hotel PuXuan y restaurantes selectos como Fù Chūn Jū (p. 53).

Sus mejores exposiciones son las temporales, que abarcan desde antigüedades de la Ciudad Prohibida a *thangkas* tibetanos de la dinastía Qing. Suele celebrar subastas dos veces al año.

CALLE WANGFUJING

PLANO: ❿ P. 32 **E4**

Wangfujing (王府井大街, Wángfǔjīng Dàjiē), antiguo hogar de príncipes manchúes y sede de la zona comercial más glamurosa de Beijing en la era de Deng Xiaoping, es un nombre con mucho peso en China. Ahora ya no es lo que era, pero es un sitio excelente para comer.

Oriental Plaza tiene una práctica planta de restaurantes a la salida del metro de Wangfujing (a solo una parada de Tiananmén Este, en la línea 1). El centro comercial apm tiene un buen surtido de restaurantes de más categoría, como el rey de los *dumplings* **Din Tai Fung** (p. 51) o el del pato pekinés **Taste of Dadong** (p. 51).

Dominar la cocina china   COCINA

PLANO: ⓫ P. 32 **C2**

Quien haya intentado hacer *mapo tofu* o pollo *kung pao* en casa, sabrá que, incluso con una buena receta, a veces es imposible dominar su técnica y equilibrio de sabores. Pero no hay que desanimarse: dos veteranas escuelas de cocina que ofrecen clases en inglés enseñan los secretos del *wok* y el arte de hacer *dumplings*.

Black Sesame Kitchen (黑芝麻厨房, Hēi Zhīmá Chúfáng; WeChat: BlackSesameKitchen) ofrece clases particulares cerca del parque Jingshan; hay que reservar. Casi todo el mundo se salta por completo lo de la cocina y va derecho a sus cenas comunitarias de 10 platos (350 ¥). Se sirven en un patio tradicional regadas con vino y cerveza, y resultan geniales para conocer a otros viajeros. Imprescindible reservar.

Otra escuela que enseña varios estilos de cocina es **The Hútòng** (p. 66; thehutong.com), un magnífico centro cultural en el barrio de la torre del Tambor. Ofrece entre cinco y seis clases por semana, en las que desvela los secretos de los fideos hechos a mano, la cocina de las minorías étnicas y los clásicos de Beijing y Sichuan. Las clases duran 2½ h, cuestan 350 ¥ y concluyen con una comida.

La vida en los 'hutong'   MUSEO

Las inconfundibles callejas tradicionales de Beijing se llaman *hutong* y están orientados de este a oeste. Tras sus muros de ladrillo gris, hay casas de una planta con patio (*sìhéyuàn*) a la sombra de los árboles. Las sencillas fachadas de estos oasis alejados del mundanal ruido se construyeron sin ventanas para mantener a raya el omnipresente polvo y los gélidos vientos del norte. Esa costumbre de hacer patios interiores cerrados impide hacerse una idea de cómo son las viviendas tradicionales.

Antiguo Observatorio.
WILLIAM JU/SHUTTERSTOCK ©

Quien tenga la sensación de que el emperador se pasaba el día de templo en templo para ofrecer sacrificios, no anda desencaminado. Y es que su deber consistía en mantener el orden cósmico. Cuando azotaban las catástrofes naturales y la sociedad se sumía en el caos, se achacaba a que el emperador no hacía bien su trabajo. Esta idea de un cosmos unificado con la humanidad se refleja en el ideograma chino de la palabra "rey": 王 *(wáng)*. Como dijo Confucio: "Quien conecte las tres [líneas horizontales] es el rey" (一贯三为王). Las líneas horizontales (三) representan el cielo, la humanidad y la Tierra.

Hay que visitar el **Museo Shijia Hútòng** (PLANO: 12 P. 32 **F3**; 史家胡同博物馆; Shǐjiā Hútòng Bówùguǎn; 24 Shijia Hútòng, 史家胡同24号), donde podrá verse el diseño de un patio tradicional y aprender algo sobre la disputada etimología de la palabra *hutong* (¿mongol o han?) y admirar maquetas a escala del barrio tal como debió de ser cuando vivían aquí los manchúes.

Cerca está la exquisita tienda **Slow Lane** (PLANO: 13 P. 32 **F3**; 细活里, Xì Huó Lǐ; 13 Shijia Hútòng, 史家胡同13号), que ofrece tentaciones como mantas tibetanas de lana de yak, juegos de té de cerámica de Jingdezhen y artesanía y joyas tradicionales.

Ambos cierran los lunes.

Disfrutar a lo grande en el Antiguo Observatorio MUSEO

PLANO: 14 P. 32 **H5**

Los astrónomos llevan estudiando los misterios del cosmos en este **observatorio** (古观象台, Gǔ Guānxiàngtái; Jianguomennei Dajie esq. segunda circunvalación este, 二环东路建国门桥) desde 1442. Su torre de ladrillo de 18 m de altura está rematada por una colección de instrumentos astronómicos antiguos montados sobre pilares de piedra tallada y decorados con dragones de bronce. Entre ellos se cuenta el "cuadrante acimutal", que calcula la distancia cenital de los astros, y es uno de los seis artefactos diseñados por Ferdinand Verbiest, misionero jesuita belga del s. XVII.

El observatorio se remonta a la dinastía Yuan, época en que estaba al norte de su sede actual. Kublai Kan, al igual que los siguientes emperadores Ming y Qing, dependían de los astrónomos para planificar sus campañas militares y calcular el almanaque con precisión. Los Yuan también dieron grandes astrónomos, como Guo Shoujing, que calculó la duración del año en 365,2425 días.

En la planta baja hay exposiciones sobre el calendario chino, antiguas cartas astrales y sobre los jesuitas en China.

Cierra los lunes.

⛪ JESUITAS EN CHINA

Los jesuitas fueron figuras fundamentales del intercambio cultural entre Europa y China. Elaboraron algunos de los primeros atlas y diccionarios bilingües, e hicieron traducciones fundamentales. Matteo Ricci (1552-1610), que llegó a China en 1583, acabó siendo consejero de la corte del emperador Wanli y fue el primer europeo en entrar en la Ciudad Prohibida.
Durante la dinastía Qing, los emperadores manchúes recurrieron a los conocimientos de los jesuitas sobre astronomía, cartografía y ciencia para refrendar su reino mediante la difusión de almanaques imperiales más precisos y predicciones de acontecimientos astronómicos como los eclipses.

Conocer a los Ming
TEMPLO BUDISTA

PLANO: **15** P. 32 **H3**

El **templo de Zhihua** (智化寺, Zhìhuà Sì; 5 Lumicang Hútòng, 禄米仓胡同5号), perdido en un destartalado barrio de *hutong,* es uno de los edificios de la dinastía Ming mejor conservados de Beijing. Se construyó en 1444 para honrar a un poderoso y corrupto eunuco, Wang Zhen, que ejerció una tremenda influencia sobre el ingenuo emperador Zhengtong.

Entre sus joyas se cuenta el salón de los Diez Mil Budas, forrado con hornacinas de suelo a techo llenas de efigies budistas en miniatura. Se llega a pie desde la parada de metro de Chaoyangmen.

Cierra los lunes.

Una exquisita colección de bronces antiguos
MUSEO

PLANO: **16** P. 32 **H1**

El **Museo de Arte Poly** (保利艺术博物馆, Bǎolì Yìshù Bówùguǎn; 14 Dongzhimen Nandajie, 东直门南大街14号保利大厦9层), todo un hallazgo, alberga una íntima colección de tesoros oculta en un bloque de oficinas. De gestión estatal, ha invertido parte de sus fondos en comprar antigüedades chinas en subastas extranjeras, que expone en vitrinas bien iluminadas. Tiene bronces antiguos de las dinastías Shang y Zhou, detalladas estatuas de Buda y cuatro de las 12 cabezas zodiacales de bronce procedentes del saqueo del Antiguo Palacio de Verano de 1860.

Para llegar hay que subir en ascensor a la 9ª planta. Cierra los domingos.

Lo mejor para...

❷ Económico ❷❷ Medio ❷❷❷ Alto

Localizaciones en el plano de la **p. 32**

Comer

Pato pekinés

Sìjì Mínfú
四季民福 ❷❷
17 D4

Su pato es de los mejores de la capital y lo sirve en un entorno privilegiado con vistas al foso de la Ciudad Prohibida. Puede haber colas de 2 h para cenar. *11 Nanchizi Dajie,* 南池子大街11号

Sìjì Mínfú
四季民福 ❷❷
18 D3

Ocupa un sitio menos glamuroso, pero el pato es igual de suculento y también está muy cerca de la Ciudad Prohibida. *32 Dengshikou Xijie,* 灯市口西街32号

Taste of Dadong (Rhapsody)
小大董 ❷❷

véase ❷ **21** E4
Concurrido local del moderno restaurante del maestro Dong Zhenxiang.

Se aconseja empezar por los aperitivos. *6ª planta, centro comercial apm, 138 Wangfujing Dajie,* 王府井大街138号apm6层

Duck de Chine 1949
全鸭季 ❷❷❷
19 F4

El sitio más elegante de Beijing para comer pato, que sirve dorado a la perfección y anuncia mediante un *gong. 98 Jinbao Jie,* 金宝街98号

'Dumplings'

Xiàn Lǎo Mǎn
馅老满 ❷
20 F1

Sirve una docena de variedades de deliciosos *dumplings*, entre ellos vegetarianos. En la misma manzana hay muchos más restaurantes estupendos. *316 Dongsi Beidajie,* 东四北大街316号

Din Tai Fung
鼎泰丰 ❷❷
21 E4

Hay que hacer cola para probar los rollitos de *xiǎolóngbāo* (*dumplings* al vapor al estilo de Shanghái) de esta

cadena taiwanesa de fama mundial. *6ª planta, centro comercial apm, 138 Wangfujing Dajie,* 王府井大街138号apm6层

Económico

Yuèbīn Fànguǎn
悦宾饭馆 ❷
22 D2

Esta cantina de la vieja escuela es un maravilloso y caótico microcosmos del Beijing más bullicioso. Es muy difícil de encontrar (se aconseja pedir las señas). *43 Cuihua Hútòng, junto a Wusi Dajie,* 五四大街翠花胡同43号

Pang Mei Noodles
胖妹面庄 ❷
23 E2

Este local de fideos de Chongqing llamado "hermanita rellenita" sirve platos picantes con estilo en un local abarrotado. Está en un *hutong* renovado que comparte con **Jing-A Longfusi** (p. 53) y **Susu** (p. 53). *Bldg A, 38 Qianliang Hútòng,* 钱粮胡同38号A铺

Pato a la pekinesa.
PRATAN/SHUTTERSTOCK ©

**Crescent Moon
Muslim Restaurant**
弯弯月亮 ❼
24 F1

Hay que montarse en
el camello culinario
y atravesar la Ruta de
la Seda para degustar
cordero asado al estilo de
uigur, pan plano y fideos
deshilachados. *16 Dongsi
Liutiao Hútòng,* 东四六条
胡同16号

Gourmet Lane
美食界 ❼
25 E5

Práctica zona de
restaurantes en la

parada de metro de
Wangfujing. Fideos,
fondue china y cocina
pekinesa. A una
parada de la plaza
de Tiananmén. *Sótano,
Oriental Plaza,* 东方广
场,王府井地铁站

Medio
Chuān Bàn 川办 ❼❼
26 H4

En un principio, este
restaurante junto a la
oficina del gobierno
provincial de Sichuan
servía a los dignatarios
de visita. Ofrece un
festival enciclopédico

de delicias especiadas.
*Gongyuan Xijie Toutiao,
junto a Jianguo-mennei
Dajie,* 建国门
内大街贡院西街头
条5号

Grandma's 外婆家 ❼❼
27 E4

Popular restaurante
de cadena que sirve
sabrosos platos al
estilo de Hangzhou.
Excelente relación
calidad-precio. *6ª planta,
centro comercial apm,
138 Wangfujing Dajie,*
王府井大街138号
apm6楼

Susu 苏苏

véase **23** E2

Popular y moderno restaurante en un *hutong*. Sirve cocina vietnamita, como rollitos de primavera recién hechos y *phở* (sopa de fideos). Se recomiendan los cócteles. 38 *Qianliang Hútòng*, 钱粮胡同38号

'Gourmet'
TRB Hutong ●●●

28 D1

TRB (Temple Restaurant Beijing) elabora cocina europea moderna, pero la auténtica delicia es el local: en el exquisito templo de la Sabiduría, de 250 años. 23 *Shatan Beijie, junto a Wusi Dajie*, 五四大街沙滩北街23号

Fù Chūn Jū
富春居 ●●●

véase **9** E2

El chef hongkonés Waikit Yeung selecciona los mejores ingredientes para sus aclamados platos de cocina cantonesa contemporánea. Hotel *PuXuan, 1 Wang-fujing Dajie*, 王府井1号璞瑄酒店

Rive Gauche ●●●

véase **9** E2

Ingenioso bistró europeo que sirve

platos deconstruidos elaborados en torno a un solo ingrediente. Las costillas a fuego lento son sensacionales. Hotel *PuXuan, 1 Wangfujing Dajie*, 王府井街1号璞瑄酒店

Beber

Bares
Jing-A Longfusi

véase **23** E2

Para beber cerveza artesana inspirada en Beijing en un flamante bar que comparte un moderno *hutong* con restaurantes, tiendas y una galería de arte. *38 Qianliang Hútòng*, 钱粮胡同38号

Slowboat DSK Taproom

29 F3

El Slowboat ha echado el ancla en el centro de Beijing, una noticia excelente para quien se aloje en Wangfujing, zona abarrotada de hoteles que por fin tiene una cervecería a tiro de piedra. *157 Dongsi Nandajie*, 东四南大街157号

MO Bar

30 D4

El legendario bar Hope and Sesame de Guangzhou, elegido entre los mejores de Asia en el 2019, confeccionó la carta de cócteles moleculares del MO, local glamuroso del Mandarin Oriental. *WF Central, 269 Wangfujing Jie*, 北京王府井文华东方酒店王府井大街269号王府中环

Cafés y salones de té
Laijin Yuxuan Teahouse
来今雨轩茶社

31 C5

Esta histórica tetería en una esquina del parque Zhongshan es el rincón definitivo para huir del gentío de la Ciudad Prohibida. Exquisitos bollitos al vapor y otros bocados. *Parque Zhongshan*, 中山公园

Book Cafe

véase **9** E2

Café oculto en el **Guardian Art Center** (p. 47) ideal para recargar pilas. Está lleno de libros ilustrados que se pueden ojear. *1 Wangfujing Dajie*, 嘉德艺术中心, 王府井大街1号

Sugerencias
de lugares para
comer y beber en
p. 68

Explora
Torre del Tambor y norte de Dongcheng

El barrio de *hutong* más animado de Beijing está entre las magníficas torres del Tambor y la Campana al oeste y el templo de los Lamas al este. Recibe el nombre coloquial de "Gulou" (鼓楼楼; torre del Tambor) y es la mejor zona para pasear e ir en bici. Muestra una Beijing más humana, con callejas de casas bajas, vecinos jugando a las cartas o al *xiangqi* (ajedrez chino), o vendiendo comida en puestos diminutos. Sus discretas coctelerías y modernos cafés asoman entre las casas de ladrillo gris, y un puñado de hoteles-*boutique* lo convierten en una zona excelente para alojarse. De noche ofrece unos cuantos locales para ir de copas y escuchar música en directo.

Cómo desplazarse

 **Línea 2 de metro**
Discurre de este a oeste por el lado norte, con paradas en Gulou Dajie (torre del Tambor) y el templo de los Lamas.

 **Línea 5 de metro**
Va de norte a sur desde el templo de los Lamas por Beixinqiao (calle de los Fantasmas) y Zhangzi Zhonglu (zona de restaurantes).

 **Línea 8 de metro**
Discurre de norte a sur y conecta Tiananmén Este con Nanluluo Xiang, Shichahai y Gulou Dajie (torre del Tambor).

Torre de la Campana (p. 59).
LEONID ANDRONOV/SHUTTERSTOCK ©

LO MEJOR

TEMPLO
Templo de Los Lamas (p. 60)

HISTORIA
Torre del Tambor (p. 58)

DIVERSIÓN SOBRE RUEDAS
Circuito en bici por los *hutong* (p. 67)

COMIDA
Circuito gastronómico (p. 66)

MÚSICA EN DIRECTO
Modernista (p. 69)

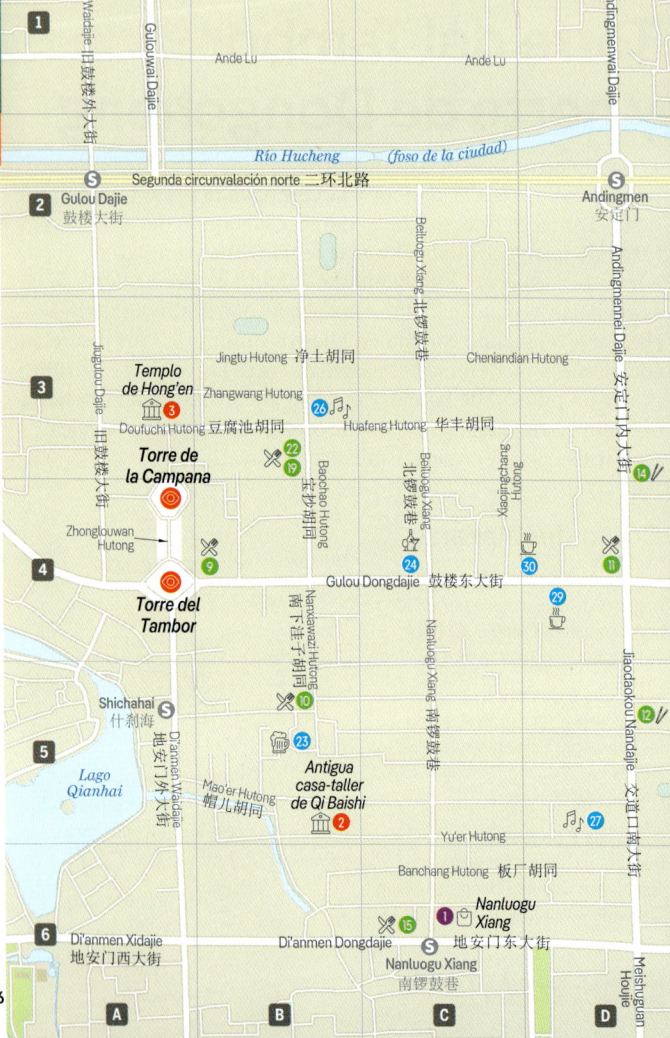

A
B
C
D

1

Jugulou Wàidàjiē 旧鼓楼外大街

Gulouwai Dajie

Ande Lu

Ande Lu

Andingmenwai Dajie

Río Hucheng (foso de la ciudad)

Segunda circunvalación norte 二环北路

2

Gulou Dajie
鼓楼大街

Andingmen
安定门

Jugulou Dajie 旧鼓楼大街

Beiluogu Xiang 北锣鼓巷

Andingmennei Dajie 安定门内大街

3

Jingtu Hutong 净土胡同

Cheniandian Hutong

Templo de Hong'en 3

Zhangwang Hutong

Doufuchi Hutong 豆腐池胡同

26

Huafeng Hutong 华丰胡同

Torre de la Campana

22
19

Baochao Hutong 宝钞胡同

Beiluogu Xiang 北锣鼓巷

Fangzhuanchang Hutong

14

Zhonglouwan Hutong

4

9

Gulou Dongdajie 鼓楼东大街

24

30

11

Torre del Tambor

29

Nanluogu Xiang 南锣鼓巷

Jiaodaokou Nandajie 交道口南大街

Shichahai
什刹海

Nanxiawazi Hutong 南下洼子胡同

10

5

Di'anmen Wàidàjiē 地安门外大街

*Lago
Qianhai*

Mao'er Hutong 帽儿胡同

23

Antigua casa-taller de Qi Baishi 2

12

Yu'er Hutong

Banchang Hutong 板厂胡同

27

6

Di'anmen Xidajie
地安门西大街

15

Di'anmen Dongdajie 地安门东大街

1

Nanluogu Xiang
南锣鼓巷

Nanluogu Xiang 地安门东大街

Meishuguan Houjie

A
B
C
D

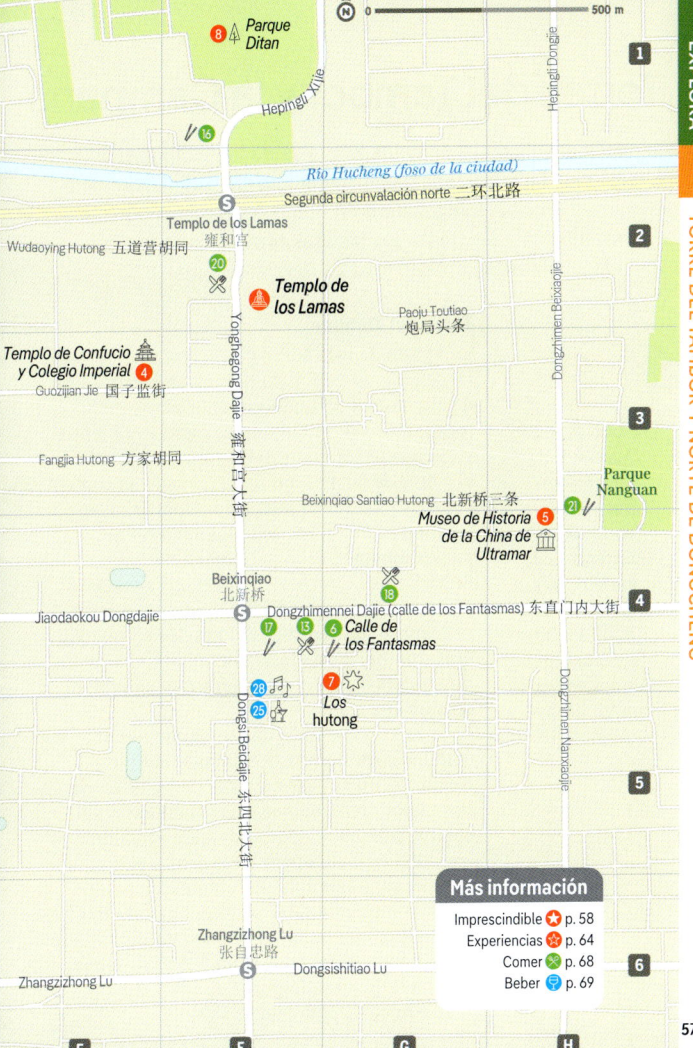

Parque Ditan

Hepingli Xijie

Río Hucheng (foso de la ciudad)

Segunda circunvalación norte 二环北路

Templo de los Lamas 雍和宫

Wudaoying Hutong 五道营胡同

Templo de los Lamas

Paoju Toutiao 炮局头条

Templo de Confucio y Colegio Imperial

Guozijian Jie 国子监街

Fangjia Hutong 方家胡同

Yonghegong Dajie 雍和宫大街

Beixinqiao Santiao Hutong 北新桥三条

Museo de Historia de la China de Ultramar

Parque Nanguan

Dongzhimen Beixiaojie

Beixinqiao 北新桥

Jiaodaokou Dongdajie

Dongzhimennei Dajie (calle de los Fantasmas) 东直门内大街

Calle de los Fantasmas

Los hutong

Dongsi Beidajie 东四北大街

Dongzhimen Nanxiaojie

Zhangzizhong Lu 张自忠路

Zhangzizhong Lu

Dongsishitiao Lu

Más información

Imprescindible ✪ p. 58
Experiencias ✪ p. 64
Comer ✪ p. 68
Beber ✪ p. 69

Torres del Tambor y la Campana

La torre del Tambor, de color rojo, y la de la Campana, de piedra y ladrillo, marcan el tiempo en Beijing desde 1272. Por aquel entonces se alzaban en pleno centro de la antigua capital mongola de Dadu. En las eras Ming y Qing fueron los referentes más septentrionales del eje central.

PLANO: P. 56 **A4**

CONSEJO

Una banda de tamborileros ofrece un breve espectáculo con réplicas de los tambores cada hora de 10.00 a 17.00 (excepto 12.00). De noviembre a marzo, acaban a las 16.00.

Torre del Tambor

En lo alto de esta **torre** (鼓楼楼, Gǔlóu; Gulou Dongdajie, 鼓楼东大街) de tres plantas y 46 m de altura, hay 25 tambores enormes que se tocaban 108 veces (18 toques rápidos, 18 lentos y 18 constantes, todo en bucle) para anunciar el cierre de las puertas de la ciudad y el comienzo del toque de queda nocturno. A partir de ahí, se tocaban cada 2 h (período llamado *geng*) y la campana sonaba para coordinar las patrullas de vigilancia, que llevaban juegos de badajos y *gongs*. Y así hasta el alba, momento en que se reabrían las puertas. Cuando los europeos visitaron por primera vez Beijing en el s. XVIII, una de sus mayores quejas fue que no podían dormir de noche.

En la 2ª planta, a la que se accede por una empinada escalera, está el tambor del Vigía Nocturno, único superviviente de los 25 originales. Los tamborileros sabían exactamente cuándo tocar gracias al reloj de agua (clepsidra), una copia del cual se expone en la torre. La 1ª planta está ocupada por una interesante exposición sobre la medición tradicional del tiempo en China y excelentes grabaciones de los gritos de los vendedores ambulantes anunciando sus productos hace más de un siglo.

El edificio actual data de 1894.

Torre de la Campana.
STRIPPEDPIXEL.COM/SHUTTERSTOCK ©

Torre de la Campana

El sobrio edificio de piedra gris de esta **torre** (钟楼, Zhōnglóu) se alza al norte de la torre del Tambor. Hay que subir por unas escaleras empinadas para admirar su colosal campana de cobre de 60 toneladas, que tocaba 108 veces después de los tambores. En 1924, tras la expulsión de Puyi (el último emperador) de la Ciudad Prohibida, las torres dejaron de marcar el tiempo.

Entre las torres hay una placita, lugar predilecto de los pekineses mayores para charlar al sol, jugar al *jianzi* (que es como dar toque a un balón sin que se caiga, pero con un volante de bádminton) y practicar danza con cintas.

Desde 1990, la campana se toca una vez al año, el 31 de diciembre.

UNA PAUSA
Justo al lado de la torre de la Campana está la fabulosa Yáojì Chǎogān Diàn (姚记炒肝店), una cantina de la vieja escuela que sirve comida casera local, como gachas de mijo, estofado de tripas y bollitos al vapor.

★ **IMPRESCINDIBLE**

Templo de los Lamas

Este magnífico templo se extiende por una serie de salones, cada vez más impresionantes, rodeados de humo de incienso y escritura manchú, tibetana y mongola. En el s. XVIII pasó de residencia palaciega a lamasería y es una gran introducción a la tradición budista tibetana.

PLANO: P. 56 **F2**

CONSEJO
Agenciarse un poco de incienso gratis antes de cruzar la primera puerta. Para orar, hay que encender tres varillas, hacer tres reverencias y colocar las varillas en el quemador. Puede participar cualquiera, sea budista o no.

Historia

El **templo** (雍和宫, Yōnghé Gōng; 12 Yonghegong Dajie, 北新桥雍和宫大街12号) nació como residencia imperial. Se construyó en 1694 para el cuarto hijo del emperador Kangxi y en 1744 pasó a ser una lamasería. En 1792 el emperador Qianlong, tras sofocar una invasión nepalí en el Tíbet, estableció nuevas normas para ayudar a los manchúes a debilitar a los clanes más poderosos del Tíbet y Mongolia.

Las nuevas normas, llamadas sistema de la Urna Dorada, giraban en torno a dos vasijas ceremoniales. Una estaba en el templo de Jokhang, en Lasa, y se usaba para determinar las reencarnaciones de los lamas dalái y *panchen;* la otra, en el templo de los Lamas de Beijing, servía para determinar la reencarnación del lama mongol.

Los primeros salones

Tras recorrer el camino imperial, se llega al primero de los seis salones principales. Es la **puerta Yonghe,** que luce una placa con los caracteres 心明妙现: "Si el corazón brilla, surge lo maravilloso". En la siguiente sala, el **salón Yonghe,** hay una trinidad de efigies doradas que representan a los budas del pasado, el presente y el futuro. Le sigue el **salón Yongyou,** originalmente los aposentos del príncipe.

Salón Yonghe.
BRIAN KINNEY/SHUTTERSTOCK ©

Salón de la Rueda de la Ley

Una estatua de bronce de 6 m de altura de Tsongkhapa (1357-1419), fundador de la escuela budista Gelugpa (Sombreros Amarillos), recibe a las puertas del pintoresco **salón de la Rueda de la Ley,** una estancia a media luz con un trono donde se sentaban los dalái lamas a impartir sus enseñanzas.

Pabellón Wanfu

El colofón es este **pabellón,** con una imponente estatua de 18 m del buda Maitreya en su forma tibetana, vestido de satén amarillo y, según se cuenta, tallado de un solo tronco de sándalo tibetano. Fue un regalo del séptimo dalái lama al emperador Qianlong.

Vale la pena visitar la colección de objetos rituales, túnicas y mandalas de las salas laterales, sobre todo la de Banchan Lou, antiguo aposento del sexto *panchen* lama, que visitó Beijing para celebrar el cumpleaños del emperador en 1780.

UNA PAUSA
El animado *hutong* Wudaoying rebosa de bares y restaurantes, como Metal Hands, que sirve café y pasteles. King's Joy prepara la mejor cocina vegetariana de la capital.

CIRCUITO A PIE

Por los 'hutong' de la torre del Tambor

Este paseo, que serpentea por el barrio de la torre del Tambor, brinda una alternativa más tranquila al gentío de Nanluogu Xiang. Durante la dinastía Qing fue una zona muy acomodada, como atestiguan las bellas mansiones que pertenecieron en gran parte a las familias manchúes de la bandera amarilla bordeada.

INICIO	FINAL	DURACIÓN
Convento de Yuhe, parada de metro de Nanluogu Xiang	Torre de la Campana, parada de metro de Shichahai	2 km; 1 h

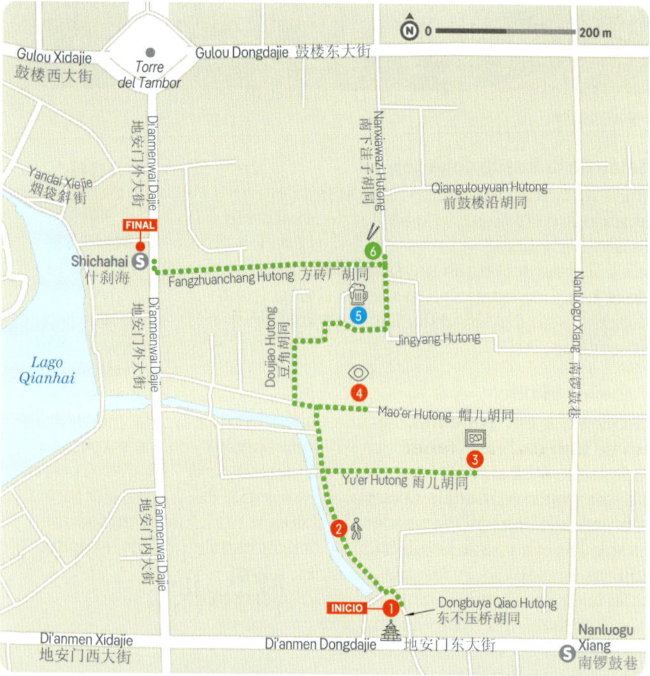

❶ Un templo restaurado

Se empieza en el elegante **convento de Yuhe** (玉河庵, Yùhé Ān; 49 Dongbuya Qiao Hutong, 东不压桥胡同49号), cuyas tres salas se consagraron en 1808. Hoy aloja el Voyage Coffee (10.00-18.00), que tiene bonitas terrazas dentro del complejo y junto al canal. Queda al oeste de la parada de metro de Nanluogu Xiang, en Di'anmen Dongdajie.

❷ Un canal junto a los sauces

Se recorre el agradable **paseo junto al canal** en dirección norte. El canal, también llamado río Imperial o de Jade, formaba parte del vasto proyecto de obras hidráulicas iniciado por la dinastía Yuan que llevaba agua de las colinas occidentales a la ciudad y facilitó el transporte a/desde el Gran Canal al este. Esta vía en concreto suministraba agua al foso de la Ciudad Prohibida.

❸ Estudio tradicional de pintura

Se gira a la derecha en el arco del *hutong* Yu'er (雨儿胡同), donde está la **antigua casa-taller del pintor Qi Baishi** (1864-1957), una residencia tradicional con patio que puede visitarse. Cuenta con una excelente tienda de regalos.

❹ Hogar de la última emperatriz

Tras volver al canal, se sigue al siguiente *hutong,* Mao'er (帽儿胡同), en cuyos nº 35 y 37 se halla la **casa natal de Gobulo Wanrong,** la noble manchú que se casó con el último emperador de China, Puyi, en 1922, y a quien los japoneses nombraron emperatriz de Manchukuo en contra de su voluntad.

❺ Cervecería oculta

Se vuelve al *hutong* de Doujiao (豆角胡同), de gira a la derecha y de nuevo a la derecha por el arbolado patio de la **Great Leap Brewing #6,** la primera cervecería artesanal de Beijing.

❻ Fideos en un callejón

Acto seguido hay que girar a la izquierda por el *hutong* de Nanxiawazi (南下洼子胡同) y seguir al norte hasta algo ver un mercado cubierto que vende verduras y fideos recién hechos. Enfrente está el rey de los locales de fideos: **69 Fangzhuanchang Zhajiangmian** (方砖厂69号炸酱面), el primero de una moderna cadena que ha invadido la capital. Se prosigue al oeste bajo el arbolado *hutong* de **Fangzhuanchang** ("de los ladrilleros") hasta Di'anmenwai Dajie (地安门外大街) y la parada de metro de Shichahai.

De compras por Nanluogu Xiang

COMPRAR

PLANO: **1** P. 56 **C6**

El *hutong* más turístico de Beijing, **Nanluogu Xiang** ("calle del *gong* y del tambor") es una franja que discurre de norte a sur llena de puestos de comida, tiendas de recuerdos, turistas chinas vestidas de princesas manchúes y más gente de la que se pueda imaginar en una sola calle, y todo amenizado, por increíble que parezca, por el tema que David Byrne compuso para *El último emperador,* puesto en bucle a todo volumen. Es ideal para comprar recuerdos a buen precio y perderse por las callejas laterales para visitar un par de casas históricas. Pero si uno quiere hacerse una idea de cómo era un *hutong* clásico, debe apuntarse al circuito a pie (p. 62).

Arte clásico en la antigua casa-taller de Qi Baishi

MUSEO

PLANO: **2** P. 56 **B5**

Qi Baishi (1864-1957) fue un pintor clásico chino que hizo carrera en una época en que la mayoría de sus colegas experimentaban con técnicas europeas. Nació en una familia pobre de Hunan y fue un niño enfermizo incapaz de contribuir al trabajo de la granja. En vez de eso aprendió carpintería, pero le resultó igual de duro y se pasó a la talla de madera. A los 25 años empezó a estudiar pintura, caligrafía y grabado de sellos.

Su obra es inconfundible: su estilo simple y lúdico capta el alma de sus temas, que suelen ser flores, fruta, insectos y animales. Qi se trasladó a Beijing en 1917 y las estancias de su antigua **casa con patio** (齐白石旧居纪念馆, Qí Báishí Jiùjū Jìniànguǎn; 13 Yu'er Hutong, 雨儿胡同13号) recrean su hogar y su taller. Si gusta el arte chino, la tienda de regalos es estupenda; tiene los recuerdos de más calidad de Nanluogu Xiang.

Echar un vistazo al Guan

GALERÍA

PLANO: **3** P. 56 **A3**

Antes del régimen comunista, Beijing tenía cientos de templos y santuarios, de los cuales unos cuantos eran casas de retiro para los eunucos de palacio, por ejemplo, el **templo de Hong'en** (宏恩观, Hóng'ēn Guàn; 21 Doufuchi Hutong, 豆腐池胡同21号), al norte de la torre de la Campana (p. 59). Se fundó en el s. XIII y, tras un declive gradual a lo largo de varias dinastías, el eunuco Liu Duosheng lo salvó de la ruina en 1873. Duosheng, que fue ordenado sacerdote taoísta, compró hasta 20 templos de la zona en la época.

El templo de Hong'en reabrió en el 2023 tras una reforma integral y se rebautizó como Guan (观).

En el momento de escribir esta guía era toda una rareza: lo presidía una pequeña librería que vendía las obras completas de Mao, Deng y Xi Jinping, y China Post tenía un

El confucianismo (儒教; Rújiào) se basa en las enseñanzas de Confucio (孔子; Kongzi), filósofo del s. VI a.C. que puso énfasis en cinco relaciones jerárquicas esenciales: padre-hijo, gobernante-súbdito, marido-esposa, mayor-joven, amigo-amigo. Confucio creía que el orden social se alcanzaría si cada individuo desempeñaba su papel en la sociedad (p. ej.: el hijo servía al padre con respeto, el padre mantenía adecuadamente al hijo, etc.).

local de té para llevar en un salón lateral. Sea como fuere, vale la pena visitarlo al ir o venir de la torre de la Campana. En el salón del fondo hay una interesante exposición sobre la historia del templo.

Meditar sobre la erudición del gran sabio

TEMPLO CONFUCIANO

PLANO: ➍ P. 56 **E3**

El segundo **templo de Confucio** (孔庙, Kǒng Miào; 13 Guozijian Jie, 国子监街13号) más grande de China está a tiro de piedra del templo de los Lamas (p. 60) y es un remanso de paz y contemplación. Permite pasear entre altas estelas de piedra montadas a lomos de míticos *bìxì* (dragones con forma de tortuga) y grabadas con las proezas de los antiguos sabios. Durante siglos, los mejores estudiantes de China memorizaron los clásicos de Confucio en la contigua **Guozijian** (国子监, Academia Imperial).

La visita empieza por el templo de Confucio, donde el emperador ofrecía sacrificios al sabio, y luego da la vuelta por la Guozijian. Entre ambos hay un impresionante bosque de piedra de 190 estelas

que recogen 13 clásicos de Confucio en 630 000 caracteres chinos. La Guozijian es bastante más atractiva y tiene exposiciones sobre los exámenes imperiales. No hay que perderse el palacio de Biyong, edificio de doble tejado rematado por un espléndido pomo dorado donde los últimos emperadores desglosaron los clásicos confucianos a miles de estudiantes, profesores y funcionarios arrodillados.

La antigua academia, que mandó erigir el nieto de Kublai Kan en 1306, fue el centro de estudio por excelencia de las dinastías Yuan, Ming y Qing. En su calle (Guozijian Jie) se conservan algunos de los últimos *páilóu* (arcos decorativos) de Beijing.

El templo cierra los lunes.

Las comunidades chinas de ultramar

MUSEO

PLANO: ➎ P. 56 **H4**

El **Museo de Historia de la China de Ultramar** (中国华侨历史博物馆, Zhōngguó Huáqiáo Lìshǐ Bówùguǎn; Beixinqiao Santiao Dong Kou, 北新桥三条东口) recoge la historia de la emigración china desde la era de la Ruta de la Seda hasta hoy, con abundante información en inglés.

Las exposiciones, llenas de dioramas, muestran la diáspora china desde todos los ángulos, desde los obreros en régimen de servidumbre que se enviaban a las colonias europeas (sobre todo al Caribe) hasta los audaces buscadores de oro de América y Australia, pasando por las influyentes comunidades chinas del sureste asiático.

Queda algo a trasmano, pero es uno de los mejores museos de Beijing. Cierra los lunes.

De restaurantes por la calle de los Fantasmas
COMIDA CALLEJERA

PLANO: ⑥ P. 56 G4

La **calle de los Fantasmas** (簋街, Gui Jie; Dongzhimennei Dajie, 东直门内大街) es la zona de restaurantes más animada de Beijing. Tiene más de 100, y es el sitio ideal para mezclarse con los pekineses.

Hú Dà (p. 68), un tramo de 1,5 km con cinco restaurantes, genera colas cada noche por su cangrejo de río picante al estilo de Sichuan. Para algo más suave, el pequeño Fu De Yu Hotpot (p. 68) se especializa en *shuan yangrou* (olla de cordero) pekinesa. En Hěnjiǔ Yìqián Yángròu Chuàn (p. 68) se asan brochetas de cordero y otros pinchos en la propia mesa.

Se cree que el nombre de la calle podría derivar de los faroles espectrales que iluminaban

el mercado nocturno que se montaba aquí en tiempos de la dinastía Qing, o tal vez porque los cadáveres se sacaban de la ciudad por la puerta de Dongzhimen. En la década de 1980, se cambió el carácter de 鬼 a 簋, que alude a un tipo de antiguo recipiente de bronce para guardar comida.

Hacer amigos en un circuito gastronómico
CIRCUITO

PLANO: ⑦ P. 56 G4

El mejor modo de apreciar la cocina china es una comida en grupo. Para gozar de una introducción excelente de la comida local hay que apuntarse a un circuito por los restaurantes de los **'hutong'**. Los de la cena suelen pasar por cuatro restaurantes, y en todos sirven varios platos y bebidas, por lo que hay que ir con hambre. Caminar forma parte esencial de estos circuitos, lo cual da un respiro entre plato y plato.

Una alternativa al circuito nocturno es el del desayuno, sobre todo si se sufre de *jet lag* y se está listo para arrancar de buena mañana. Se podrá recorrer las calles en busca de los platos matutinos más populares, como los *jiānbǐng* (煎饼; creps chinos), la agria *dòuzhī* (豆汁; leche fermentada de soja verde) y las *jiāoquān* (焦圈; rosquillas).

Entre los operadores más recomendables se cuentan **Lost Plate** (lostplate.com), **Untour Food Tours** (untourfoodtours.com) y **The Hutong** (thehutong.com).

En bici por las callejuelas

Beijing es una de las mejores ciudades del mundo para ir en bici: es plana como un tablero de ajedrez, tiene carriles muy anchos y numerosos, y las bicicletas públicas son baratas y abundantes. Y aunque el tráfico puede ser caótico, mientras se tenga un buen sentido de la orientación y se conduzca con cuidado, también puede ser muy divertido.

Un buen modo de lanzarse al **ciclismo por Beijing** es contratar un circuito por los *hutong,* donde la circulación es menor. Se puede empezar en la torre de la Campana y darse unos 30 o 60 min para explorar las sinuosas callejas mientras se recorren los 2 km al noreste que median hasta los templos de Confucio y de los Lamas. Orientarse entre las callejuelas de la ciudad es toda una aventura.

Hay tres compañías de bicicletas en Beijing. La más práctica para los extranjeros es la azul **Hello Bike** (哈啰单车; Hāluō Dānchē). Hay que instalarse la *app* y vincularla a Alipay; a través de Alipay se escanea el código QR de la bici. Antes del primer viaje, hay que subir una foto del pasaporte y registrarse con un número de teléfono chino (sin esas dos cosas no se podrá usar).

Los precios son muy económicos: se pagan unos 1,5 ¥ por 30 min, o 7 ¥ por una semana de uso ilimitado. La aplicación incluye una función de traducción automática.

Hay que devolver la bici en las zonas designadas. Si el vehículo no coopera, se puede bloquear manualmente.

Vida local en el parque Ditan

PLANO: **8** P. 56 **F1**

Beijing está rodeada por cuatro altares celestiales. Uno es el altar de la Tierra, situado en el norte, en el **parque Ditan** (地坛公园; Dìtán Gōngyuán; Hepingli Xijie, 和平里西街). Es una plataforma cuadrada al aire libre donde se celebraban los ritos imperiales del solsticio de verano. No es que sea espectacular, pero es un buen sitio para ver a los pekineses en sus ratos de ocio, sobre todo en la zona de ejercicios de la parte noreste.

🏷️ **JIĀNBǏNG**

Beijing adora el popular *jiānbǐng,* aunque proceda de la vecina Tianjin. Es un fino crep de harina y mijo al que se añade un huevo (o dos), se unta con salsa de guindilla y *furu* (tofu fermentado), se espolvorea con cilantro y cebolla, y se remata con su imprescindible cuadrado de masa frita crujiente. Luego se dobla en un elegante rollo plano para desayunar. Ver cómo se hace es casi tan divertido como comérselo. Se vende por toda la ciudad, desde puestos en bicicletas a pequeños locales.

Lo mejor para...

ⓨ Económico   ⓨⓨ Medio   ⓨⓨⓨ Alto

Localizaciones en el plano de la **p. 56**

Comer

Cocina pekinesa

Yáojì Chǎogān Diàn
姚记炒肝 ⓨ

9 B4

Hay que pedir en el mostrador y ponerse a la cola para probar el famoso *chǎogāni* de Beijing, un estofado glutinoso de intestinos e hígado de cerdo. Si uno no se atreve a probarlo, se recomiendan los bollitos al vapor. *311 Gulou Dongdajie,* 鼓楼东大街311号

69 Fangzhuanchang Zhajiangmian
方砖厂69号炸酱面 ⓨ

10 B5

En este veterano local es fácil elegir: solo sirve sus emblemáticos fideos *zhajiang* (25 ¥). Hay que atreverse con el ajo encurtido. *Fangzhuanchang Hutong,* 方砖厂胡同

Yǐnsān Dòuzhī
尹三豆汁 ⓨ

11 D4

Local de cadena que sirve un *dòuzhī* (leche de soja verde fermentada) y rosquillas. Tiene locales por toda Beijing. *295 Andingmennei Dajie,* 安定门内大街295号

Económico

Zhang Mama
张妈妈川味馆 ⓨ

12 D5

El sencillo Zhang Mama, regentado por una familia de Sichuan, ofrece un festival de especias baratísimo. Siempre hay cola. *76 Jiaodaokou Nandajie,* 交道口南大街76号

Fu De Yu Hotpot
孚德裕 ⓨ

13 F4

La clásica barbacoa pekinesa (sin picante) en calderos al carbón. Hay que cocer los ingredientes en el caldo y mojarlos en la salsa de sésamo. *264 Dongzhimennei Dajie,* 东直门内大街264号

Xiàn Lǎo Mǎn
馅老满 ⓨ

14 D3

El favorito de los pekineses para tomar deliciosos *dumplings,* entre ellos vegetarianos. *252 Andingmennei Dajie,* 安定门内大街252号

Medio

Little Yunnan
小云南 ⓨⓨ

15 C6

Sirve platos ligeros y aromáticos del suroeste de China, como pescado de río frito y ensaladas de menta de estilo dai. *89 Di'anmen Dongdajie,* 地安门东大街89号

Jīn Dǐng Xuān
金鼎轩 ⓨⓨ

16 F1

Cuatro animadas plantas con *dim sum* y platos cantoneses de excelente relación calidad-precio junto a la puerta sur del parque Ditan. No cierra nunca. *77 Hepingli Xijie,* 地坛南门和平里西街77号

Hú Dà 胡大饭馆 ⓨⓨ

17 F4

Cangrejo de río de Sichuan en aceite con guindilla. Hay colas épicas. *284 Dongzhimennei Dajie,* 东直门内大街284号

Hěnjiǔ Yǐqián Yángròu Chuàn
很久以前羊肉串 ⓨⓨ

18 G4

Mesas con parrillas para asar brochetas de cordero, alitas de pollo y berenjena al ajillo.

209 Dongzhimennei Dajie, 东直门内大街209号

Elegante

Fúróngjì 福荣记

19 B3

Exclusivo restaurante en un **'hutong'** ideal para darse un atracón de *dim sum* moderno. Toda la carta es deliciosamente creativa, desde los rollitos de primavera con gambas y *wasabi* a los hojaldres de sésamo rellenos de curri. *63 Baochao Hutong,* 宝钞胡同63号

King's Joy 京兆尹

20 F2

El mejor vegetariano de la ciudad. Lo fundó el chef Pan Jianjun, antiguo discípulo budista. *2 Wudaoying Hutong,* 五道营胡同2号

Internacional

Saveurs de Corée

21 H3

Bulgogi (filetes de carne vacuna marinada a la parrilla), creps de marisco, generosos cuencos de arroz *bibimbap* y un fabuloso menú coreano a mediodía. *2ª planta, hotel Rum Coabana, 22 Dongzhimen Beixiaojie,* 东直门北小街22号

Toast

22 B3

Restaurante exclusivo con terraza apta para todo tipo de climatología. Sus platillos para compartir ins-

pirados en Oriente Próximo atraen a multitudes. *65 Baochao Hutong, Gulou Dongdajie,* 鼓楼东大街宝钞胡同65号

Beber

Bares

Great Leap Brewing #6

23 B5

Patio destartalado perdido en un laberinto de callejuelas al este de Houhai. Es donde nació la cerveza artesana de Beijing. No sirve comida. *6 Doujiao Hutong,* 豆角胡同6号

Factory

24 C4

Tranquilo bar cafetería inmerso en la cultura pop con DJ, sofás, tienda de cómics y *pizza. 135 Gulou Dongdajie,* 鼓楼东大街135号

Nuoyan Wine Bar

25 F5

Para probar algo nuevo en una taberna rústica especializada en vino chino hecho con arroz glutinoso. Está en el complejo de la People's Art Printing House. *7 Banqiao Nanxiang,* 板桥南巷7号

Música en directo

Modernista

26 B3

Bandas locales, cabaré, salsa y dibujo del natural

son solo parte de la ecléctica oferta nocturna de este artístico bar de la era del *jazz. 44 Baochao Hutong,* 宝钞胡同44号

Jiāng Hú

27 D5

Moderno local de música en directo en un *hutong* que ofrece folk, *blues* y *jazz* casi cada noche en su patio. *7 Dongmianhua Hutong,* 东棉花胡同7号

Yue Space

28 F4

Local artístico con aforo para 500 personas y las bandas chinas más prometedoras en el complejo de la People's Art Printing House. *7 Banqiao Nanxiang,* 北新桥板桥南巷7号

Cafés

Cafe Zarah

29 D4

Estiloso local en un *hutong* muy popular por su encantador personal, buen café y cócteles cargados. Está lleno de vecinos de Gulou trabajando con el portátil. *46 Gulou Dongdajie,* 鼓楼东大街46号

Stillwater

30 D4

Este tranquilo café mezcla el diseño moderno con un entorno tradicional. La terraza de la azotea con vistas al *hutong* es espléndida cuando hace sol. *69 Gulou Dajie,* 鼓楼东大街69号

Sugerencias de lugares para comer en **p. 79**

Explora
Templo del Cielo y sur de Dongcheng

Peregrinar a este templo, 3 km al sur de la Ciudad Prohibida, es tan obligado para los viajeros de hoy como lo fue en su día para los emperadores que acudían a rendir homenaje a los dioses en el solsticio de invierno. Ocupa una finca enorme, por lo que hay que caminar mucho. Al norte están los interesantes restos de las murallas de la ciudad y la nueva sede de los vastos Archivos Imperiales, antaño en la Ciudad Prohibida. Los turistas recorren el eje central por la calle comercial de Qianmen Dajie, justo al sur de la plaza de Tiananmén.

Cómo desplazarse

 **Línea 2 de metro**
Discurre de este a oeste por la frontera norte del barrio; para en Qianmen (Qianmen Dajie), Chongwenmen (murallas, Archivos Imperiales) y en la estación de trenes de Beijing.

 **Línea 5 de metro**
Va de norte a sur y conecta las líneas 1 y 2 con la puerta oriental del templo del Cielo.

 **Línea 8 de metro**
Viaja de norte a sur y conecta las líneas 1 y 2 con la puerta occidental del templo del Cielo (parada de Tianqiao).

Templo del Cielo (p. 73).
APHOTOSTORY/SHUTTERSTOCK ©

LO MEJOR

ALTAR IMPERIAL
Templo del Cielo (p. 73)

PERLAS
Mercado de perlas de Hongqiao (p. 78)

RECUERDOS
Qianmen Dajie (p. 77)

MAPAS HISTÓRICOS
Primeros archivos históricos de China (p. 78)

MURALLAS DE LA CIUDAD
Torre de vigilancia de la esquina sureste (p. 77)

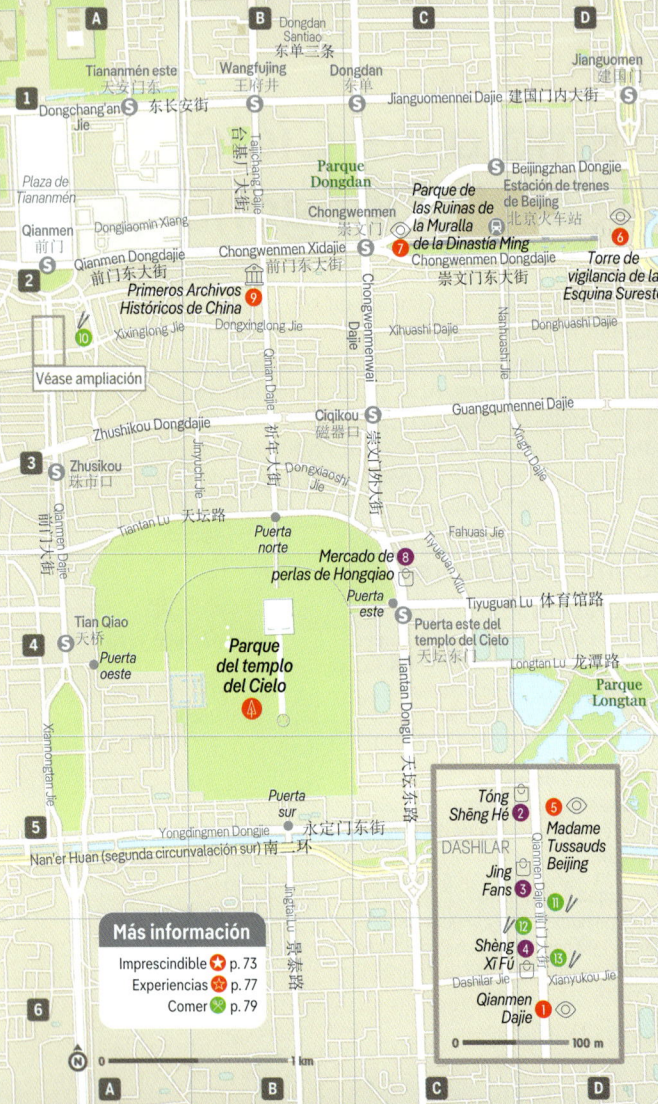

A

B Dongdan
Santiao
东单三条

C

D Jianguomen
建国门

Tiananmén este
天安门东

Wangfujing
王府井

Dongdan
东单

Jianguomennei Dajie 建国门内大街

1 Dongchang'an
Jie 东长安街

Parque
Dongdan

Beijingzhan Dongjie
Estación de trenes
de Beijing
北京火车站

Plaza de
Tiananmén

Parque de
las Ruinas de
la Muralla
de la Dinastía Ming

6 Torre de
vigilancia de la
Esquina Sureste

Qianmen
前门

Chongwenmen

Dongjiaomin Xiang

Chongwenmen Xidajie

7

Chongwenmen Dongdajie
崇文门东大街

2 Qianmen Dongdajie
前门东大街

9 Primeros Archivos
Históricos de China

Donghuashi Dajie

Xihuashi Dajie

Nanhuashi Jie

10

Dongxinglong Jie

Véase ampliación

Xixinglong Jie

Zhushikou Dongdajie

Ciqikou
磁器口 **S**

Guangqumennei Dajie

3 Zhushikou
珠市口 **S**

Jinyuchi Jie

Dongxiaoshi
Jie

Fahuasi Jie

Puerta
norte

Mercado de
perlas de Hongqiao **8**

Tiantan Lu 天坛路

Puerta
este

Tiyuguan Xilu

Tiyuguan Lu 体育馆路

4 Tian Qiao
天桥 **S**

Puerta
oeste

Parque
del templo
del Cielo

Puerta este
del templo
del Cielo
天坛东门

Longtan Lu 龙潭路

Parque
Longtan

Puerta
sur

5

Yongdingmen Dongjie 永定门东街

Nan'er Huan (segunda circunvalación sur) 南二环

Más información

Imprescindible ⭐ p. 73

Experiencias 🎯 p. 77

Comer 🍴 p. 79

6

N 0 _____ 1 km

DASHILAR

Tóng
Shēng Hé **2**

5 👁
Madame
Tussauds
Beijing

Jing
Fans **3**

11

12

Shèng
Xǐ Fú **4**

13

Qianmen
Dajie **1** 👁

Xianyukou Jie

Dashilar Jie

0 _____ 100 m

A **B** **C** **D**

Templo del Cielo

Este templo (天坛, Tiāntán; Tiantan Donglu, 天坛东路) es un pasaje al cosmos. Era el escenario donde el emperador celebraba los ritos más solemnes y rogaba por las buenas cosechas. En 1918 se abrió al público y hoy es uno de los parques más bonitos de Beijing.

Ceremonia del solsticio de invierno

Pongamos que el viajero es un plebeyo que vive en la Beijing de hace siglos. Es la víspera del solsticio de invierno y, por ese motivo, no le está permitido salir de casa ni abrir la puerta. Pero la curiosidad lo empuja a echar un vistazo por un resquicio de la verja. Esto es lo que vería: un vasto séquito imperial, largo como un dragón celeste, desfilando por la Ciudad Exterior en completo silencio.

Soldados ataviados con túnicas azules y sombreros redondos protegen el perímetro. Tras ellos se vislumbran las prendas ceremoniales rojas de las interminables filas de nobles y funcionarios, con sus sombrillas, abanicos gigantes de plumas de pavo real y estandartes de color blanco, negro, azul y amarillo sobre la cabeza. En el centro, el destello de los carruajes imperiales, tirados por caballos blancos y grandes elefantes. Por último, el mismísimo emperador, transportado por 10 hombres en una silla de manos de 12 m de largo oculta tras un velo. La comitiva se dirige al templo del Cielo, donde el emperador se alojará en el palacio del Ayuno. Deberá abstenerse de todos los placeres terrenales hasta la solemne ceremonia del día siguiente, que se celebrará para garantizar las buenas cosechas durante el año entrante.

CONSEJO

El parque tiene cuatro puertas, una por cada punto cardinal; la oriental es la más práctica para visitarlo, seguida de la occidental.

Escanea este código QR para reservar entradas para el templo del Cielo.

SIMBOLISMO
La forma,
el sonido y el
color confluyen
en simbólica
armonía en
el templo del
Cielo. Las
connotaciones
cósmicas del
palacio harán
las delicias de
nigromantes
y supersticiosos,
por no hablar
de ingenieros
acústicos
y carpinteros.
Los edificios son
circulares y sus
bases, cuadradas,
diseño que deriva
de la antigua
creencia china
de que el cielo
es redondo y la
Tierra, cuadrada.

Preparativos de la ceremonia

El templo del Cielo no es solo un templo imperial, es un parque inmenso con 4000 cipreses marchitos que rodean su eje central de salones sagrados. El camino desde la puerta oriental lleva bajo los árboles y cruza la zona donde se preparaban los sacrificios.

El primer edificio es el **pabellón de los Sacrificios Animales**, seguido del ornamental pasillo Largo, que facilitaba el transporte de dichos animales al complejo de la **cocina Divina,** donde se afanaban 90 cocineros. Hoy las dependencias exponen vestimenta ritual e instrumentos musicales. Desde allí, el pasillo Largo sigue hasta la estancia central del templo: el **salón de la Plegaria por las Buenas Cosechas.**

Advertencia: si se entra por la puerta occidental, se pasará por el **palacio del Ayuno** (casi vacío) y por la **Administración de la Música Divina** (cerrada al público).

Salón de la Plegaria por las Buenas Cosechas

Este fabuloso **edificio circular** de tres tejados es rico en simbolismo esotérico y único en toda China. Desde lejos salta a la vista su original diseño rematado por tejas azules, reflejo de su estatus celestial. Hay que subir las escaleras para ver los 28 pilares concéntricos y las 36 vigas entrelazadas que sostienen el edificio, construido sin un solo clavo. Como sugiere su nombre, aquí es donde el emperador rezaba para conseguir un año fértil, y era la última etapa del ritual. El puente Danbi, de 360 m, lo conecta con los edificios al sur, donde se hacían los sacrificios.

Si solo se puede hacer una parada en el templo del Cielo, que sea esta. Hay que dedicarle 1 h como mínimo.

La bóveda Imperial Celeste y el altar Circular

El siguiente edificio del eje central es la **bóveda Imperial Celeste,** rodeada por un muro bajo circular llamado muro del Eco. Pese a su espléndida arquitectura, no era más que un almacén donde se guardaban tablillas espirituales divinas y demás material relacionado con los sacrificios. El muro del Eco, de 65 m de diámetro, se llama así por sus propiedades acústicas únicas. Si se pronuncia en voz baja una palabra o dos a unos metros del muro, se oye en el punto opuesto del círculo.

Los sacrificios propiamente dichos se hacían en el **altar Circular,** una tarima a la intemperie en la punta sur del eje. Su divina geometría, que lo divide en tres plantas, gira en torno al número nueve, considerado sacrosanto en la China imperial.

UNA PAUSA

Frente a la puerta oriental está el mercado de perlas de Hongqiao, con una excelente planta de restaurantes que sirven desde *fondue* china a platos picantes de Hunan y curri indio.

Bóveda Imperial Celeste.
V_E/SHUTTERSTOCK ©

Taichí.
RICHARD ELLIS/ALAMY STOCK PHOTO ©

Taichí en el parque

El templo del Cielo es uno de los parques más populares de Beijing y se llena de vecinos que acuden a hacer ejercicio. Con ellos se puede practicar un poco de taichí matutino. Este arte marcial interno caracterizado por sus lentos y gráciles movimientos tiene como objetivo relajar la mente y desarrollar la *qi* (energía vital) interior. Tiene sus raíces en la meditación taoísta y la cosmogonía del yin y el yang. No es fácil dar con instructores que hablen inglés, por lo que se aconseja reservar la clase con mucha antelación. El **San Feng Tai Chi Club** (北京三丰太极堂) enseña tres estilos; las clases suelen darse el fin de semana. Se puede contactar con Eric a través de sanfengtaichi@gmail.com. Otra opción es **Bespoke Travel,** que ofrece clases privadas con un maestro formado en Shaolin (bespoketravelcompany.com).

Pasear por Qianmen Dajie

COMPRAS

PLANO: ① P. 72 D6

Al sur de la mítica Qianmen, antigua puerta central de Beijing, estaba **Qianmen Dajie** (前门大街), en su día principal calle comercial de la Ciudad Exterior.

Arrasada y reconstruida para los JJ OO del 2008, hoy Qianmen es una pequeña calle comercial peatonal. Es más tranquila que Nanluogu Xiang (p. 63) y tiene tiendas más variadas, por lo que brinda un agradable paseo que puede combinarse con otro por Dashilar (p. 98).

Se pueden comprar las clásicas zapatillas de tela en **Tóng Shēng Hé** (同升和; nº 17; PLANO: ② P. 72 D5), abanicos en **Jing Fans** (京扇子, Jīngshànzǐ; nº 35; PLANO: ③ P. 72 D5) y sombreros en **Shèng Xī Fú** (盛锡福; Nº 57; PLANO: ④ P. 72 D6), abierta desde 1937.

También está el **Madame Tussauds Beijing** (北京杜莎夫人蜡像馆, Běijīng Dùshā Fūrén Làxiàng Guǎn; nº 16; PLANO: ⑤ P. 72 D5), donde Jackie Chan y Karl Marx reciben a los visitantes.

Si entra el gusanillo, hay que ir al local de los suministradores de *dumplings* de la dinastía Qing, Dōuyīchù (p. 79), o a Méndīng Ròubǐng (p. 79), que vende pasteles de carne para llevar.

Escalar las ruinas de las murallas de la ciudad

RUINAS

La inmensa **torre de vigilancia de la Esquina Sureste** (东南角楼, Dōngnán Jiǎolóu; 9 Chongwenmen Dondajie, 崇文门东大街9号; PLANO: ⑥ P. 72 D2) está conectada con el único tramo en pie de las antiguas murallas de Beijing.

La torre, construida en 1439, tiene 144 aspilleras, desde donde los arqueros lanzaban una lluvia de fuego sobre los enemigos. Se puede subir a las almenas y visitar la torre por libre; es un magnífico laberinto de carpintería que ocupa varias plantas e incluye una exposición de fotografías históricas.

Desde los baluartes se puede admirar la muralla según avanza hacia el oeste; a lo lejos se vislumbra la puerta central de Qianmen, que da una idea de lo enormes que eran las fortificaciones. No hay que perderse los grafitis que hicieron en la torre los soldados rusos y

 TORRE FOX

En 1937 se halló, a las puertas de la torre de vigilancia de la Esquina Sureste, también llamada Fox, el cadáver de la británica Pamela Werner, que murió asesinada. Así lo cuenta la novela sobre crímenes reales *Medianoche en Pekín*. Bespoke Travel (bespoketravelcompany.com) dirige el circuito a pie Midnight in Peking Walking Tour, que a veces encabeza el propio autor, Paul French.

estadounidenses durante el levantamiento de los bóxers en 1900.

Se llega por el paseo que bordea el tramo de piedra y ladrillo del **parque de las Ruinas de la Muralla de la Dinastía Ming** (明城墙遗址公园, Míng Chéngqiáng Yízhǐ Gōngyuán; PLANO: **7** P.72 **C2**), que es todo lo que queda del muro en sí. El techo ocupa 1,2 km y alcanza una altura de unos 15 m con contrafuertes defensivos cada 80 m.

Comprar perlas de agua dulce

COMPRAS

PLANO: **8** P.72 **C4**

El **mercado de perlas de Hongqiao** (红桥市场, Hóngqiáo Shìchǎng; 9 Tiantan Lu, 天坛路9号), que ocupa un centro comercial hecho a medida junto a la puerta oriental del templo del Cielo, es ideal para comprar perlas, recuerdos y artículos electrónicos. Pese a su aspecto elegante, se puede regatear.

La primera planta tiene la clásica oferta de imitaciones chinas: bolsos Louis Vuitton, accesorios de Gucci, ropa infantil de *kung-fu* y camisetas. La segunda es de electrónica: tiene buenas ofertas, pero hay que saber qué se busca. Las perlas están en la tercera planta. Los entendidos en la materia también disfrutarán de la cuarta, más tranquila.

Se estima que China produce el 95% de las perlas cultivadas del mundo, de las cuales cerca de un 10% se venden en este mercado. Un collar de perlas sencillas sale por unos 300 ¥. Las variedades más lustrosas del mar del Sur pueden costar mil veces más.

Otear el pasado en los Archivos Imperiales

MUSEO

PLANO: **9** P.72 **B2**

En los últimos 650 años, los documentos de la corte se guardaron en los Archivos Imperiales de Nanchizi Dajie. En el 2022, la colección se trasladó a los **Primeros Archivos Históricos de China** (中国第一历史档案馆, Zhōngguó Dìyī Lìshǐ Dàng'àn Guǎn; 9 Qinian Dajie, 祈年大街9号; fhac.com.cn), que ofrecen un pequeño y fantástico espacio de exposición en la 3ª planta.

Custodian tesoros como el mapa más grande del mundo de la China dinástica (3,86 x 4,56 m; 1389), anotado en manchú con posterioridad. El mapa completo de montañas y ríos de la cuenca del Jinsha es otra joya: ocupa 77,4 m (solo se expone una pequeña parte) y luce detalles como vendedores ambulantes que venden bollitos al vapor a los pescadores. Otros documentos son las biografías del libro de selección de cargos militares Ming, edictos imperiales enviados a los subordinados de provincias y preciosos informes en manchú, mongol y chino. Ofrece poca información en inglés y cierra los domingos.

Lo mejor para...

 Económico Medio Alto

Localizaciones en el plano de la **p. 72**

Comer

Pato pekinés

Bianyifang Roast Duck
便宜坊烤鸭店 ❌❌❌
10 A2

Este veterano asa el pato en antiguos hornos cerrados en vez de colgarlo sobre un fuego de madera frutal. Así logra una carne más jugosa y una piel más blanda, que luego se mete en *shaobing* (rollos de sésamo). *65-77 Xianyukou Jie, 鲜鱼口街65-77号*

Quanjude Roast Duck Restaurant
前门全聚德烤鸭店 ❌❌❌
11 D5

Lo fundó en 1864 Yang Quanren, comerciante de aves de corral, y hoy es la casa de pato asado más famosa de Beijing. En la peatonal Qianmen Dajie, es muy turístico pero muy práctico. *30 Qianmen Dajie, 前门大街30号*

'Dumplings' y pasteles

Méndīng Ròubǐng
门钉肉饼 ❌
12 D6

Según se cuenta, el "pastel de carne en forma de pomo"

era el preferido de la emperatriz viuda Cixí, y desde luego es un clásico tentempié pekinés. Hay que comerlo con cautela, pues el relleno de cerdo está ardiendo. *53 Qianmen Dajie, 前门大街53号*

Dōuyīchù
都一处 ❌❌
13 D6

La especialidad de este local histórico es el *shaomai*, un *dumpling* al vapor relleno de cordero, gambas o verdura. Siempre hay cola. *38 Qianmen Dajie, 前门大街38号*

Sugerencias de lugares para comer y beber en **p. 92**

Explora
Parque Beihai
y norte de Xicheng

Las aguas bordeadas de sauces del parque Beihai y los tres lagos de Shichahai (Qianhai, Houhai y Xihai), junto a la Ciudad Prohibida, son la respuesta pekinesa a la falta de río y costa. Los lagos, fruto de las grandes obras hidráulicas de la dinastía Yuan, eran a un tiempo las reservas de agua potable de la ciudad y los preciosos jardines de la familia imperial. Para echar un vistazo a la antigua capital, hay que adentrarse en los *hutong* al norte de Fuchengmennei Dajie. Los templos se alzan majestuosos sobre sus tejados grises con tiendas de pan *shaobing* y la banda sonora del dialecto local, el pekinés.

Cómo desplazarse

 Línea 2 de metro
Va de norte a sur por Xicheng y para en Fuchengmen (templo de la Estupa Blanca).

 Línea 4 de metro
Discurre de norte a sur por Xicheng y para en Xisi (templo de los Antiguos Monarcas) y Ping'anli (líneas 6 y 19).

Línea 6 de metro
Va de este a oeste por Xicheng y para en Beihai Bei (parque Beihai), Ping'anli (líneas 4 y 19) y Chegongzhuang (línea 2).

 Línea 8 de metro
La de Shichahai es la parada más práctica para ir a los lagos Qianhai y Houhai.

Parque Beihai (p. 84).
LIU LEI/GETTY IMAGES ©

LO MEJOR

PATIO DE RECREO IMPERIAL
Parque Beihai (p. 84)

ESTUPA BUDISTA
Templo de Miaoying (p. 91)

ARTEFACTOS HISTÓRICOS
Museo de la capital (p. 90)

ICONO REVOLUCIONARIO
Antigua residencia
de Song Qingling (p. 88)

MÚSICA EN DIRECTO
East shore jazz bar (p. 90)

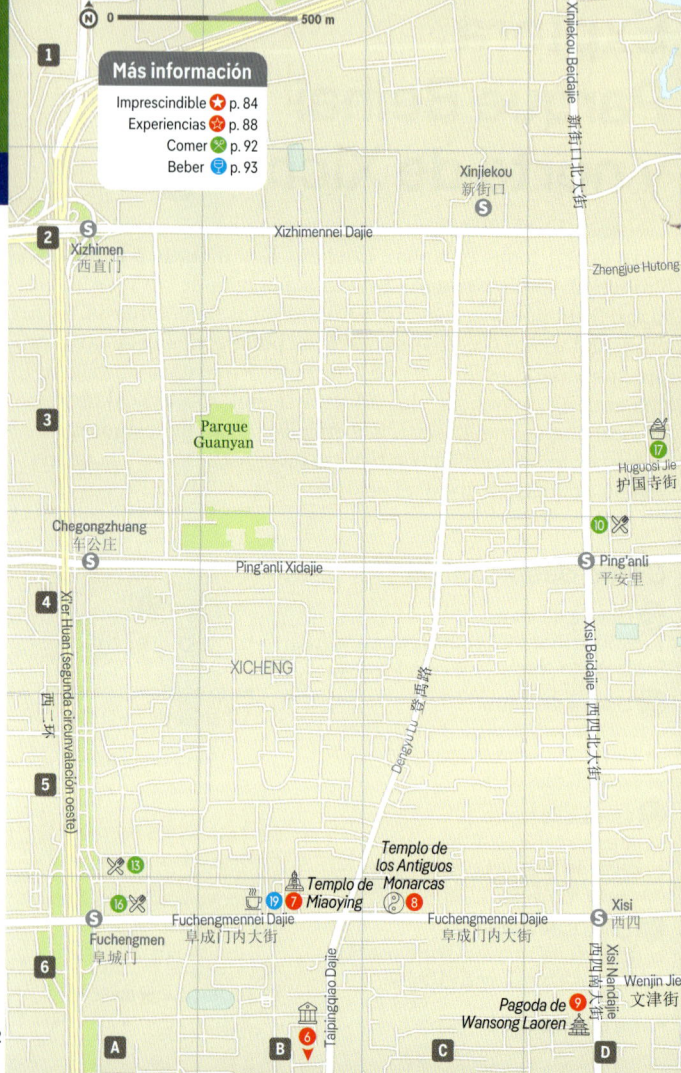

Más información

Imprescindible ★ p. 84
Experiencias ✿ p. 88
Comer ✕ p. 92
Beber 🍷 p. 93

0   500 m

Xizhimen
西直门

Xizhimennei Dajie

Xinjiekou
新街口

Xinjiekou Beidajie 新街口北大街

Zhengjue Hutong

Parque
Guanyan

Huguosi Jie
护国寺街

Chegongzhuang
车公庄

Ping'anli Xidajie

Ping'anli
平安里

Xisi Beidajie 西四北大街

XICHENG

Xi'er Huan (segunda circunvalación oeste)
西二环

Dengshu 灯市西路

Templo de
los Antiguos
Monarcas

Templo de
Miaoying

Xisi
西四

Fuchengmennei Dajie
阜成门内大街

Fuchengmennei Dajie
阜成门内大街

Fuchengmen
阜成门

Xisi Nandajie 西四南大街

Wenjin Jie
文津街

Taipingqiao Dajie

Pagoda de
Wansong Laoren

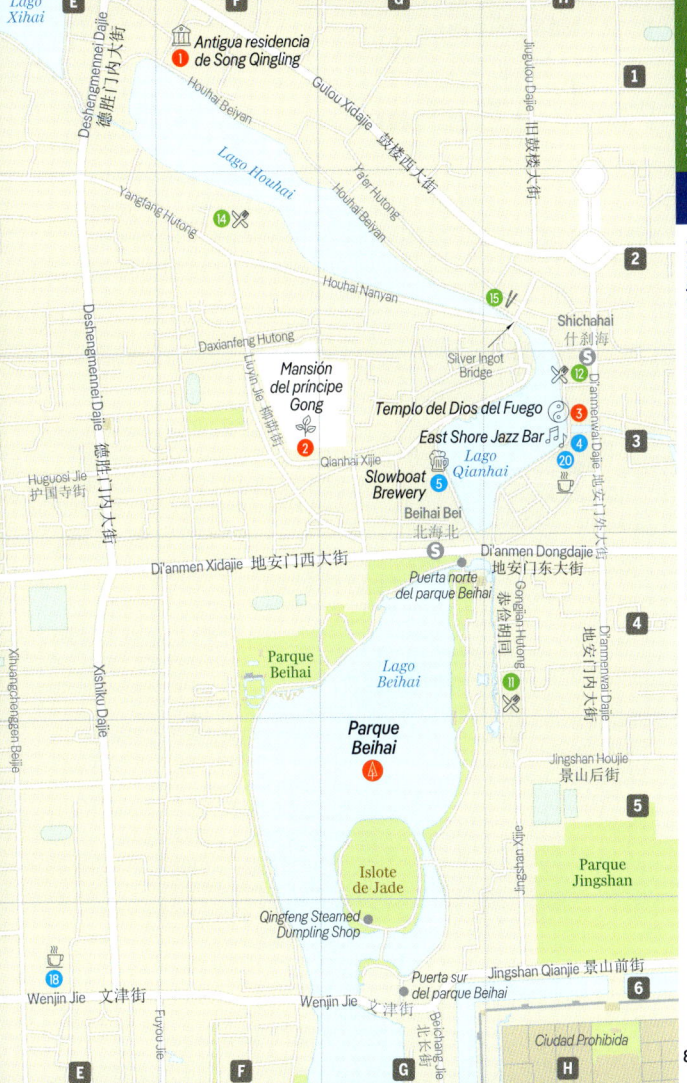

Lago Xihai

Deshengmennei Dajie 德胜门内大街

Houhai Beiyan

Antigua residencia de Song Qingling

Gulou Xidajie 鼓楼西大街

Lago Houhai

Yangfang Hutong

Ya'er Hutong

Houhai Beiyan

Deshengmennei Dajie 德胜门内大街

Houhai Nanyan

Daxianfeng Hutong

Shichahai 什刹海

Silver Ingot Bridge

Mansión del príncipe Gong

Luyin Jie 柳荫街

Qianhai Xijie

Templo del Dios del Fuego

East Shore Jazz Bar

Lago Qianhai

Slowboat Brewery

Beihai Bei 北海北

Di'anmen Dongdajie 地安门东大街

Di'anmenwai Dajie 地安门外大街

Huguosi Jie 护国寺街

Di'anmen Xidajie 地安门西大街

Xishiku Dajie

Puerta norte del parque Beihai

Gongjian Hutong 恭俭胡同

Parque Beihai

Lago Beihai

Parque Beihai

Di'anmennei Dajie 地安门内大街

Xihuangchenggen Beilu

Jingshan Houjie 景山后街

Islote de Jade

Parque Jingshan

Qingfeng Steamed Dumpling Shop

Fuyou Jie

Wenjin Jie 文津街

Wenjin Jie 文津街

Puerta sur del parque Beihai

Beichang Jie 北长街

Jingshan Qianjie 景山前街

Ciudad Prohibida

Shatan Houjie

★ **IMPRESCINDIBLE**

Parque Beihai

Este parque (北海公园, Běihǎi Gōngyuán) fue el patio de recreo de la familia real desde la dinastía Jin (1115-1234), y su lago y jardines conservan gran parte de su encanto. Tiene dos zonas principales: los edificios históricos agrupados en la orilla noroccidental y el islote de Jade, al sur.

PLANO: P. 82 **G5**

CONSEJO

Para alquilar una barca en verano hay que pagar un suculento depósito (400-800 ¥). Hay desde botes de pedales para cuatro personas a barcas eléctricas para seis.

Orilla noroccidental

Uno de los fascinantes edificios de la orilla norte es el **Jingxin** (静心斋, Jìngxīn Zhāi), "jardín en un jardín" y retiro predilecto del emperador Qianlong, que tomaba aquí el té y se deleitaba con el sonido de la *guqin* (cítara china), los estanques de carpas y las vistas panorámicas.

El **Cielo Occidental** (西天梵境, Xītiān Fánjìng) fue una lamasería de la dinastía Ming que se remodeló en 1759; se alza frente a un magnífico arco conmemorativo de cuatro pilares. Pasado el salón de los Reyes Celestiales está su pieza central, una preciosa sala de la era Ming hecha de cedro sin pintar. Cerca está el **muro de los Nueve Dragones,** un muro espiritual de 27 m de largo adornado con dragones enroscados.

En la esquina noroeste del lago asoman por el agua los **Cinco Pabellones del Dragón** (五龙亭, Wǔlóng Tíng) de la dinastía Ming, donde pescaban los emperadores; hoy acogen bailes de salón. Cerca está el **Pequeño Cielo Occidental** (小西天, Xiǎoxītiān), el mayor pabellón cuadrado de China. Se construyó en secreto como regalo para la madre del emperador Qianlong en su 80º cumpleaños. Hay ferris (20 ¥) entre la orilla norte y el islote de Jade; también se puede ir a pie.

Puente al islote de Jade.

GUSTAVO MONIZ FERREIRA/SHUTTERSTOCK ©

Islote de Jade

El abrupto **islote de Jade** (琼华岛, Qiónghuá Dǎo) se hizo con la tierra que se sacó para crear el lago Beihai. Lo remata una estupa blanca de estilo tibetano de 36 m de altura que el primer emperador Qing mandó erigir en 1651 para honrar una visita del dalái lama. Se puede visitar desde el oeste, pero es mejor llegar por la puerta sur, lo que permite entrar por el **templo de Yong'an** (永安寺, Yǒngān Sì), que se extiende cuesta arriba por la empinada ladera hasta la cima.

La **Ciudad Circular** (团城, Tuán Chéng), una fortaleza frente a la puerta sur del parque, fue la antigua sede del palacio de Kublai Kan, primer emperador de la dinastía Yuan. Solo se conservan unos cuantos cipreses agostados y una gran vasija ceremonial de vino hecha de jade verde que data de 1265. Se expone frente al salón de la Luz Divina, que tiene una estatua de 1,5 de Sakyamuni hecha con jade blanco de Birmania. En invierno se puede patinar sobre hielo al sur del islote.

UNA PAUSA

Qingfeng Steamed Dumpling Shop (庆丰包子铺, Qìngfēng Bāozǐ Pù), en el lado sur del islote de Jade, es el único restaurante del parque.

85

CIRCUITO A PIE

Un paseo por Houhai

Houhai (el mar Negro; 后海) es el lago rodeado de sauces al norte de Qianhai (el mar Frontal; 前海) y el parque Beihai. Bajo el dominio mongol (1279-1368), señalaba la frontera norte del Gran Canal; en tiempos de la dinastía Qing fue un retiro real donde los nobles manchúes construyeron mansiones. El gentío se junta en el puente del Lingote de Plata.

INICIO	FINAL	DURACIÓN
Puente del Lingote de Plata	Puente del Lingote de Plata	3 km; 1½ h

① Un templo de barrio

Si se va al norte desde el puente, a la izquierda queda el tranquilo *hutong* de Ya'er, donde tras unos cientos de metros se llega al **templo de Guanghua,** un templo budista en activo de la dinastía Yuan (cerrado al público). Donde la calle gira abruptamente a la derecha, hay que tomar a la izquierda (en el n° 46) por un callejón estrecho que lleva a la orilla del lago.

② El último emperador

Se gira a la derecha en el lago y se sigue hasta pasar por los **antiguos establos del príncipe Zaifeng** (en el n° 43) y la **mansión del príncipe Chun** (n° 44), donde nació Puyi, último emperador de China.

③ La madre de la China moderna

Seguidamente está la **antigua residencia de Song Qingling,** donde vivió la esposa de Sun Yat-sen en las décadas de 1960 y 1970. Song fue una revolucionaria que rompió con su familia y se alió con las fuerzas comunistas en la guerra civil. Ocupó varios cargos directivos en el régimen durante la década de 1970, pero nunca fue miembro del Partido Comunista.

④ Barcas y bailes de salón

Hay que bordear el lago en sentido antihorario y pasar por el punto de entrenamiento del **equipo internacional del Barco del Dragón de Beijing,** hasta llegar a una placita llamada parque Houhai, un rincón popular para bailar de noche. Se sube por la rampa en el extremo derecho de la plaza y se sale del parque en dirección (sur) al Yangfang Hútòng.

⑤ Una mansión principesca

Se gira luego a la izquierda en el *hutong,* a la derecha por Liuyin Jie y a la izquierda de nuevo por Daxiangfeng, siguiendo el alto muro de ladrillo gris de la **mansión del príncipe Gong,** regente en la época de la emperatriz viuda Cixí y ministro de Asuntos Exteriores de la dinastía Qing. La suya fue la mejor residencia lacustre de Beijing del s. XIX.

⑥ De 'hutong' en 'hutong'

Se prosigue a la derecha (por el gran muro) por **Zhanzi Hútòng,** luego se gira a la izquierda, se sigue recto y se tuerce a la derecha al final para entrar en el callejón más estrecho. Tras serpentear por él, se toma la primera a la izquierda para adentrarse en el **Dongmeichang Hútòng.** Después, hay que girar a la izquierda, luego a la derecha y después a la izquierda en la encrucijada hasta el **Qianjing Hútòng,** que desemboca en el lago.

EXPERIENCIAS

Antigua residencia de Song Qingling

MUSEO

PLANO: **1** P. 82 **F1**

Según Mao Zedong, el influyente Charlie Soong tuvo tres hijas: una adoraba el dinero (Ailing); la otra, el poder (Meiling), pero solo Qingling amaba a su país. Song Qingling (1893-1981) creció en Shanghái, fue a la universidad en EE UU, se casó en Japón con el exiliado Sun Yat-sen y desempeñó un papel clave en el Gobierno comunista. Representó a China en el extranjero y, tras la muerte de Mao, ocupó varios cargos gubernamentales. Su **residencia** (宋庆龄故居, Sòng Qìnglíng Gùjū; 46 Houhai Beiyan, 后海北沿46号) está en los jardines de la antigua mansión del príncipe Chun. La pieza más destacada es un salón lateral de dos plantas que aloja una exposición cronológica sobre su vida por medio de fotografías, cartas y objetos personales, entre ellos un sedán ZIS de la década de 1950, regalo

Mansión del príncipe Gong.
SANGA PARK/SHUTTERSTOCK ©

del líder soviético Iósif Stalin. La vivienda principal también es digna de una visita; tiene cuatro habitaciones abiertas al público.

Sueño en el pabellón Rojo

EDIFICIO HISTÓRICO

PLANO: **2** P. 82 **F3**

Se cree que esta vasta residencia inspiró el *Sueño en el pabellón Rojo*, obra maestra de Cao Xueqin, escritor chino del s. XVIII. La **mansión del príncipe Gong** (恭王府, Gōng Wángfǔ; 17 Qianhai Xijie, 前海西街17号) es una de las mayores casonas tradicionales de Beijing, hogar en su día del príncipe Gong (1833-1898), medio hermano del emperador Xianfeng. Tiene muchos patios, pero destaca sobre todo por sus maravillosos jardines traseros, que lucen cerros artificiales, estanques, rocallas, originales pabellones y hasta una Gran Muralla en miniatura. Suele llenarse de turistas, que pueden arruinar la visita. Se aconseja ir temprano.

Encontrar pareja en el templo del Dios del Fuego

TEMPLO TAOÍSTA

PLANO: **3** P. 82 **H3**

Los fines de semana, el **templo del Dios del Fuego** (火德真君庙, Huǒdé Zhēnjūn Miào; 77 Di'anmenwai Dajie, 地安门外大街77号), por lo demás anodino, se convierte en uno de los más importantes de la capital. Su mayor atractivo son los salones laterales dedicados

ZHONGNANHAI

El complejo lacustre al sur de Beihai se conoce como Zhongnanhai, la actual Ciudad Prohibida donde trabajan y residen los altos cargos del Partido Comunista de China (CCPh). Quien se acerque a esta zona será ahuyentado enseguida. La marca de cigarrillos Zhongnanhai explota el prestigio del lugar. En principio fabricaba sus cigarrillos exclusivamente para Mao Zedong y otros altos cargos. Desde entonces, es muy popular entre los jóvenes.

a la Hada Zorro (狐仙殿) y al Anciano Bajo la Luna (月老殿), que reparten bendiciones en el departamento del matrimonio de los reinos celestiales. Los días más concurridos, acoge a colas de jóvenes chinos a la espera de su turno para entrar a rezar y, con suerte, encontrar a la pareja perfecta por mediación divina.

El salón del Dios de la Riqueza, al fondo, es otra parada predilecta de los feligreses, y el salón principal dedicado al Dios del Fuego recibe de vez en cuando a músicos taoístas que interpretan sones rituales para acompañar las bendiciones.

El templo original se edificó en 632, pero el edificio actual data del 2007.

PARA ROMPER EL HIELO

Houhai ofrece una popular diversión invernal que no se limita al patinaje sobre hielo. Se pueden alquilar trineos y triciclos con esquíes. Luego es de rigor comer *tánghúlú* (糖葫芦), brochetas de fruta caramelizada.

Vida nocturna en el lago

BEBIDA

De noche, la bella zona de los lagos del parque Houhai en torno al puente del Lingote de Plata se viste de fiesta con luces de neón. Casi todos los bares tienen música en directo y juegos. Para avivar la competencia, ponen la música a todo trapo hasta las 23:00, lo cual puede ser muy divertido o una pesadilla en toda regla.

Para algo más sofisticado, hay que ir al **East Shore Jazz Bar** (PLANO: ❹ P. 82 **H3**; 东岸爵士吧, Dōng'àn Juéshì Bā; 2ª planta, 2 Qianhai Nanyan, 什刹海南沿2号楼2层; 15:00 a 1:00, ma-do), oscura guarida fundada por el saxofonista y estrella de *rock* Cui Jian. Es genial para relajarse y tiene vistas fantásticas del lago. La terracita de la azotea abre en verano. Los músicos tocan a partir de las 21:00 (ju-do).

Para una cerveza sin música en directo, se recomienda la **Slowboat Brewery** (PLANO: ❺

P. 82 **G3**; 悠航鲜啤, Yōuháng Xiānpí; mercado de Hehua, edif. 2, Shangye Jie, 荷花市场内商业街2幢), una cervecería de dos plantas con 45 variedades de barril y vistas sensacionales del lago Qianhai.

Descubrir la historia de Beijing

MUSEO

PLANO: ❻ P. 82 **B6**

Tras la seductora fachada del **Museo de la Capital** (首都博物馆, Shǒudū Bówùguǎn; Fuxingmenwai Dajie, 复兴门外大街16号) se esconden varias salas que repasan a fondo la historia de Beijing. Sus maquetas a escala, mapas, exposiciones multimedia y demás piezas mantienen entretenido, y las cartelas en inglés ayudan mucho allí donde las hay. Las plantas 2ª y 3ª tienen las mejores exposiciones.

La 2ª planta abarca desde el Paleolítico (Hombre de Pekín) a las dinastías Liao (916-1125) y Jin (1115-1234), cuando en Beijing gobernaban los kitán (nómadas de la estepa septentrional) y los yurchen (ancestros de los manchúes) respectivamente. Estos últimos fueron los primeros en fijar la capital en Beijing.

La 3ª planta cubre las dinastías Yuan, Ming y Qing, seguidas de la era republicana y la invasión japonesa. Otras plantas exploran la ópera de Pekín y las costumbres populares a través de los festivales estacionales. Las exposiciones ofrecen información ingente pero sin abrumar. Hay que dedicarle unas 2 h. Se llega en la línea 1 hasta Muxidi. Cierra los lunes.

Peregrinaje a una estupa tibetana

TEMPLO BUDISTA

PLANO: **7** P. 82 **B6**

El sereno **templo de Miaoying** (妙应寺白塔, Miàoyīng Sì Báitǎ; 171 Fuchengmennei Dajie, 阜成门内大街171号) se construyó en 1271 bajo el reinado de Kublai Kan y dormita bajo su colosal estupa blanca, la más alta de China. Imperiosa sobre los *hutong* circundantes, ofrece una de las vistas más emotivas de Beijing. Se erigió en el solar de un antiguo templo obra de un arquitecto nepalés a quien el kan invitó a Dadu (nombre que entonces recibía Beijing) para cimentar las relaciones de la nueva dinastía con Tíbet. No se puede visitar, pero sí rodear la base y entrar en los salones del templo. El más grande, el del Gran Iluminado, tiene una colección de estatuas budistas. El salón de los Siete Budas contiene maquetas a escala de las ciudades de la dinastía Yuan, como Dadu (Beijing), Shangdu (la Xanadú del célebre poema de Samuel T. Coleridge) y Zhongdu, una ciudad de la era Yuan situada entre ambas. Tras la visita, vale la pena pasear por los *hutong* al norte y este del templo.

Circuito por los templos de Xicheng

TEMPLOS

Los templos históricos más extraordinarios de Beijing están en Xicheng, al oeste del parque Beihai. Si se va al de Miaoying (p. 91), merece la pena ver estas otras dos joyas.

En el insólito **templo de los Antiguos Monarcas** (PLANO: **8**) P. 82 **C6**; 历代帝王庙, Lìdài Dìwáng Miào; 131 Fuchengmennei Dajie, 阜成门内大街131号), de 1530, los emperadores rendían culto a sus predecesores, que se remontaban a la noche de los tiempos. Originalmente exponía 188 tablillas espirituales en el enorme palacio de Jingde Chongsheng.

Para algo más íntimo, hay que visitar la olvidada **pagoda de Wansong Laoren** (PLANO: **9** P. 82 **D6**; 万松老人塔, Wàn Sōng Lǎorén Tǎ; 43 Xisi Nandajie, 西四南大街43号), una pagoda de ladrillo de nueve plantas de la dinastía mongol Yuan que se alza en un precioso jardín amurallado lleno de granados y parras, con un batiburrillo de históricos entramados de madera de *hutong* y tallas de piedra. Tiene una librería que vende postales antiguas y té de jazmín.

Lo mejor para...

✪ Económico   ✪✪ Medio   ✪✪✪ Alto

Comer

Cocina del norte

Liǔ Quán Jū
柳泉居 ✪✪
10 D4

Un veterano abierto desde 1567, cuando era una bodega. Tiene mucho ambiente y comida de Shandong. *172-178 Xinjiekou Dajie,* 新街口南大街172-178号

Royal Icehouse
皇家冰窖小院 ✪✪
11 H4

Este curioso restaurante fue una fresquera imperial. En sus bodegas arqueadas se almacenaban enormes cubos de hielo hechos con agua del lago Beihai. *5 Gongjian Wuxiang, Gongjian Hutong,* 恭俭胡同5巷5号

Mǔmén Jiā Shuànròu
姆们家涮肉 ✪✪
12 H3

Riquísima *fondue* de cordero al estilo pekinés. Junto a la parada de metro de Shichahai (salida A1). *31 Di'anmenwai Dajie, 2ª planta,* 地安门外大街31号二层

'Gourmet'

Yúfúnán 渔芙南 ✪✪
13 A5

Este elegantísimo festival de especias de Hunan es uno de los mejores restaurantes de la capital para probar la cocina china moderna. *49 Gongmenkou Toutiao,* 宫门口头条49号

Fork by TRB
福客牛排 ✪✪✪
14 F2

Cocina exquisita de fusión oculta en un complejo hotelero en la orilla sur de Houhai. *Blossom House, 9 Yangfang Hutong,* 羊房胡同9号花间堂后海酒店

Comida callejera

Yā'er Lǐjì 鸦儿李记 ✪
15 H2

Para probar la cocina musulmana hui, hay que acercarse a este venerable establecimiento en un *hutong* al norte del lago Houhai. Tiene dos sucursales cerca, pero esta es el mejor. *Ya'er Hutong,* 鸦儿胡同 (*烟袋斜街西口*)

Royal Palace Crisp Beef Pies
宫廷香酥牛肉饼 ✪
16 A6

Este local diminuto hornea crujientes pasteles reales de carne vacuna, una delicia de la dinastía Tang rellena de ternera, puerros y granos de pimienta de Sichuan. *341 Fuchengmennei Dajie,* 阜成门内大街341号

Huguosi Snacks
护国寺小吃 ✪
17 D3

Cantina atrapada en el tiempo que sirve clásicos tentempiés dulces y salados. *93 Huguosi Jie,* 护国寺街93号

Localizaciones en el plano de la p. 82

Liŭ Quán Jū.

Beber

Té y café

1901 Cafe

18 E6

Café de tres plantas y estilo barroco, una joya de finales de la dinastía Qing. *101 Xi'anmen Dajie, 西安门大街101*

Pagoda Light Cafe

19 B6

Concurrido café en una azotea con vistas excelsas: la contigua y altísima estupa blanca. *Pagoda Light Hotel, 185 Fuchengmennei Dajie, 阜成门内大街 185号, 白塔之光酒店*

Tangren Teahouse

20 H3

Esta tetería alejada de los bares más ruidosos brinda vistas arrolladoras del lago Qianhai desde su terraza. Es cara, pero la ubicación, el servicio y el ambiente lo compensan con creces. *前海南沿15号*

Sugerencias de lugares para comer, beber y comprar en **p. 104**

Explora
Dashilar
y sur de Xicheng

Como muchas capitales chinas antiguas, Beijing estuvo dividida en dos ciudades: Interior y Exterior, y ambas se encontraban en Qianmen (la puerta Delantera). Tras Qianmen estaba el bullicioso barrio comercial de Dashilar (大栅栏儿), lleno de artesanos, viajeros y vendedores ambulantes. Dashilar también fue un distrito de ocio famoso por sus teatros y sus placeres ilícitos, tradición que se prolongó en la era republicana. Hoy, las calles comerciales de Dashilar y la cercana Liulichang son las mejores zonas para comprar productos como seda y té, o para ver una ópera pekinesa.

Cómo desplazarse

⑤ Línea 2 de metro
Discurre de este a oeste y para en Qianmen, el punto más práctico para visitar el barrio.

⑤ Línea 7 de metro
Va de este a oeste y para en Hufangqiao (Huguang Guild Hall), Guang'anmennei (mezquita Niu Jie) y Wanzi (mercado de té de Maliandao).

⑤ Línea 8 de metro
Viaja de norte a sur bajo Qianmen Dajie y para en Tianqiao (Museo de Arquitectura Antigua, Centro de Artes Escénicas Tianqiao).

Qianmen Dajie.
CHUYUSS/SHUTTERSTOCK ©

★

LO MEJOR

CIRCUITO POR LOS 'HUTONG'
Beijing Postcards (p. 100)

DE COMPRAS
Ruta por Dashilar (p. 98)

TÉ 'OOLONG'
Mercado de té de Maliandao (p. 101)

PAGODA BUDISTA
Templo de Tianning (p. 101)

ÓPERA PEKINESA
Huguang Guild Hall (p. 102)

Qianmen Dongdajie
前门东大街

Qianmen Dongdajie
前门东大街

Qianmen Dongcelu

Xidannechang Jie

Qianmen Dongcelu

Xianxinkou Jie

Plaza de Tiananmén

Qianmen
前门

Qianmen Dajie
前门大街

Qianmen Dajie
前门大街

Liangshidian Jie 粮食店街

Zhushikou
珠市口

Qianmen Xidajie
前门大街

Qianmen Xiheyan Jie

Dashilar Jie

Meishi Jie

Meishi Jie

Zhushikou Xidajie 珠市口西大街

Qianmen Xidajie
前门西大街

Mashi Jie

Beijing
Postcards

Sanjing Hutong

Yangmeizhu Xie Jie

Dajiang Hutong

Shanxi Xiang

Zhushikou Xidajie 珠市口西大街

Qianmen Xidajie
前门西大街

Qianmen Xiheyan Jie

Liulichang Dongjie
琉璃厂东街

Tieshu Xiejie

Hufangqiao

Teatro
Zhengyici

Nanxinhua Jie

Nanxinhua Jie

Hepingmen
和平门

Qianmen Xidajie
前门西大街

Liulichang Xie 琉璃厂西街

Guang'anmennei Dajie 广安门内大街

Beijing oeste
(5km)

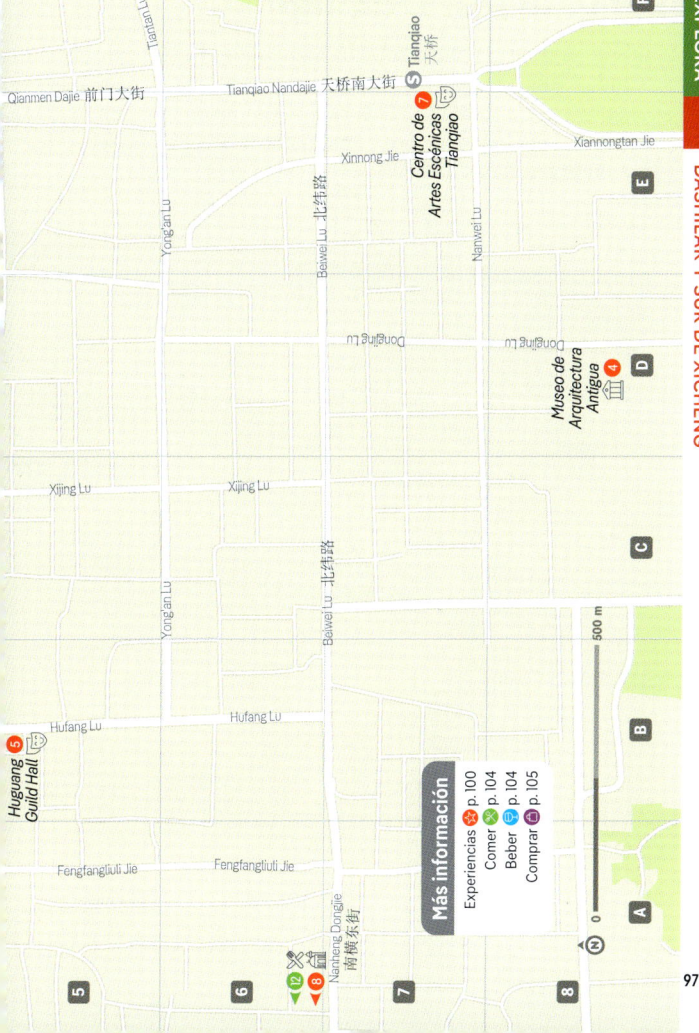

5

6

Parque
del templo
del Cielo

7

8

F

天坛路 Tiantan Lu

Tianqiao
天桥

Qianmen Dajie 前门大街

Tianqiao Nandajie 天桥南大街

S Tianqiao
天桥

Xinnong Jie

Centro de
Artes Escénicas
Tianqiao 7

Xiannongtan Jie

Yong'an Lu

北纬路 Beiwei Lu

Nanwei Lu

E

Dongjing Lu

Dongjing Lu

Museo de
Arquitectura
Antigua 4

D

Xijing Lu

Xijing Lu

C

Yong'an Lu

北纬路 Beiwei Lu

Hufang Lu

Hufang Lu

500 m

B

Huguang
Guild Hall 5

Más información

Experiencias ❄ p. 100
Comer ✕ p. 104
Beber 🍷 p. 104
Comprar 🛍 p. 105

Fengfangliuti Jie

Fengfangliuti Jie

Nanheng Dongjie 南横东街

0

N

A

5

6

12

8

7

8

CIRCUITO A PIE

De ruta por Dashilar

Durante la dinastía Qing, solo los manchúes podían vivir en la Ciudad Interior. Dashilar se hallaba tras la puerta principal y era parte de la Ciudad Exterior (china), una concurrida zona de comercio y ocio. Los comunistas la arrasaron, pero sus sinuosas callejas han recuperado algo de su magia.

INICIO	FINAL	DISTANCIA
Arco de Qianmen Dajie	Liulichang Xijie	2,5 km; 1½ h

❶ Puerta Delantera

En la época imperial, las entradas de los barrios se señalaban con un *páilóu* (牌楼), un arco decorativo de madera. Era un vestigio de la dinastía Tang, cuando cada barrio tenía una puerta que se cerraba de noche (de hecho, los *hutong* de Beijing conservaron el toque de queda en la dinastía Qing).

Hoy quedan pocos *páilóu,* pero algunos se han reconstruido, como es el caso de la calle comercial peatonal **Qianmen Dajie** (p. 77).

❷ Comprar seda

El recorrido comienza en Qianmen. Tras recorrer unas manzanas, se gira a la derecha por la animada calle de Dashilar (o Dazhalan). A la derecha, en el n° 5, está **Ruifuxiang Silk,** el célebre comerciante de prendas de seda del este de China. Lleva en activo desde 1893 y cosió la bandera que se izó en Tiananmén en 1949 cuando Mao Zedong proclamó la fundación de la República Popular.

❸ Cine histórico

En el n° 24 está Tongrentang, antiguo dispensario real que sigue vendiendo recetas chinas tradicionales. La primera película que se proyectó en China se ofreció en el n° 36, en el **cine Daguanlou,** en 1905. La sala sigue en activo, aunque en el 2005 se remodeló de arriba abajo.

❹ Joyas y fragmentos de cerámica

Hay que cruzar Meishi Jie, girar a la derecha y tomar el primer callejón a la izquierda, Yangmeizhu Xiejie, antigua calle con una imprenta donde vivió el escritor Lu Xun. El **taller de porcelana Caicifang,** en el n° 35, crea recuerdos únicos con fragmentos de los jarrones de porcelana que se rompían durante la Revolución Cultural.

❺ Postales del pasado

Algo más abajo, en el n° 97, hay que pasarse a charlar con los amantes de la historia de **Beijing Postcards** (p. 100), que ofrecen mucha información sobre la zona, exposiciones de mapas y fotografías de la antigua Beijing y recuerdos geniales.

❻ Arte y antigüedades

Donde el callejón se bifurca, hay que girar a la derecha, de nuevo a la derecha y tomar la primera a la izquierda (oeste) hasta la **calle cultural Liulichang,** una larga vía de tiendas de arte, antigüedades y librerías que ya atrajo a los eruditos de la dinastía Ming y se convirtió en destino predilecto de los estudiantes de provincias que acudían a la capital a hacer los exámenes imperiales.

Circuitos a pie con Beijing Postcards
CIRCUITO

PLANO: **1** P. 96 **D2**

Beijing Postcards (bjpostcards. com; 97 Yangmeizhu Xijie, 杨梅竹斜街97号) es el mejor operador de circuitos de historia en inglés de la capital. Ofrecen circuitos a pie bien documentados que dirige Lars, su cofundador danés. Los mejores son "History of the Hutong" y "Crash Course to the Forbidden City"; ambos abren una ventana a un mundo que sería imposible conocer de otro modo. Hay que reservar con mucha antelación.

Varios circuitos empiezan y acaban en la sede de Beijing Postcards, una galería y tienda de regalos en un *hutong* de Dashilar. Además de ofrecer fotografías e imágenes relacionadas con la investigación histórica más actualizada, vende reproducciones de mapas antiguos de la ciudad, así como fotografías e ilustraciones que representan una Beijing de desfiles imperiales, camellos y murallas. También tiene cojines, bolsas de tela y calendarios, todos decorados con imágenes de la antigua Beijing y procedentes de mercados y subastas de China y el extranjero.

También valen la pena la Historical Movie Night y el Historical Book Club.

Compañía de la Ópera Nacional.

Pese a su halo místico, la ópera de Pekín (*jīngjù*, 京剧) es relativamente fácil de seguir. Aborda temas como intrigas, catástrofes y rebeliones, y sus argumentos beben de personajes y leyendas de la literatura clásica. Los intérpretes sustituyen los escenarios elaborados por movimientos, gestos y expresiones faciales simbólicas. El movimiento de una borla de seda indica que un actor está montando a caballo y levantar un pie significa que se cruza una puerta. El indiscutible rey del género fue Mei Lanfang, que falleció en 1961. Se hizo célebre interpretando papeles femeninos y difundió por el mundo el arte más famoso de China en sus giras por el extranjero.

Rezar por la paz en el edificio más antiguo de Beijing
PAGODA BUDISTA

PLANO: **2** P. 96 A1

La pagoda del **templo de Tianning** (天宁寺, Tiānníng Sì; 3 Tianningsi Qianjie, 天宁寺前街甲3号) se remonta a los días en que los kitán gobernaban Beijing, y no solo es el edificio religioso más antiguo de la capital (de hacia 1120), sino el más impresionante. La torre octogonal mide nada menos que 57,8 m de altura, tiene 13 aleros y está cubierta de preciosas tallas en bajorrelieve. El templo está al suroeste del centro y queda un poco a trasmano. La parada de metro más cercana es Daguanying (líneas 7 y 16); es mejor ir en taxi.

Catas en el mercado de té de Maliandao
TÉ

PLANO: **3** P. 96 A4

El **mercado de té de Maliandao** (马连道茶城, Mǎliándào Cháchéng; 11 Maliandao Lu, 马连道路11号) es un discreto centro comercial que parece tener todos los tipos de té de China. Más allá del clásico té de jazmín aguarda una excursión fascinante repleta de teína. Para sacarle todo el jugo a la visita se pueden probar varios, siempre que se compre algo al final. El té se vende por gramos (*kè*, 克). La cantidad mínima es de 50 gr; la compra media, de 100 g. Entre las variedades se cuentan el verde (*lǜchá*, 绿茶), *oolong* (*wūlóng*, 乌龙), negro (*hóngchá*, 红茶), *pǔ'ěr* (普洱) y el de jazmín (*mòlìhuā*, 茉莉花).

La típica cata consiste en sentarse con el proveedor (que suele ser de la provincia de Fujian, donde se cultiva gran parte del té de China) mientras lo infusiona y tomar juntos varias tazas en vasitos muy pequeños. Para disfrutarlo al máximo se aconseja ir con alguien que hable chino o apuntarse a un circuito de té (p. 66). El mercado también vende juegos y accesorios de té más baratos que en otros sitios. Se llega en la línea 7 de metro hasta Wanzi.

EXPLORA

DASHILAR Y SUR DE XICHENG

Mucho antes de que mongoles y manchúes se asentaran en Beijing, estuvieron los kitán, un pueblo nómada que conquistó la zona del norte de China, entonces conocida como las 16 Prefecturas. Fundaron su propia dinastía, la Liao (907-1125), incorporaron varios elementos de la burocracia china y desarrollaron dos sistemas de escritura (basados en el chino y el uigur). Con el tiempo, el gobierno Song de China se alió por error con los yurchen de Manchuria para reclamar su territorio. Los yurchen reaccionaron derrotando de un solo golpe a chinos y kitán. Su dinastía, la Jin (1115-1234), fue la primera en fijar la capital en Beijing.

Carpintería y construcción en el Reino Medio
MUSEO

PLANO: **4** P. 96 **D8**

El **Museo de Arquitectura Antigua** 北京古代建筑博物馆, Běijīng Gǔdài Jiànzhù Bówùguǎn; 21 Dongjing Lu, 东经路21号) es un fascinante compendio de las técnicas de construcción china tradicional. Dentro se podrá examinar una maqueta a escala de un templo en obras, comparar las similitudes entre las herramientas para trabajar la madera con las que el viajero tiene muriéndose de risa en casa y ahondar en las diferencias regionales de las *dougong* (ménsulas entrelazadas), las *sunmao* (juntas) y las casas con patio.

El museo está en el antiguo templo de la Agricultura, que, en la dinastía Ming, el emperador debía visitar una vez al año para arar un campo sacrificial (solo araba tres surcos, tras lo cual varios funcionarios remataban la labor).

Cierra los lunes.

'Adiós a mi concubina'
ÓPERA CHINA

El antiguo distrito de ocio de Dashilar, sede histórica de los teatros, sigue siendo un buen sitio para ver una ópera tradicional.

Una de las salas más auténticas es **Huguang Guild Hall** (PLANO: **5** P. 96 **B5**; 湖广会馆, Húguǎng Huìguǎn; 3 Hufang Lu, 虎坊路3号). Es una de las pocas *huiguan* (casas consistoriales) que quedan en Beijing, que eran básicamente un hogar lejos de casa para los comerciantes y funcionarios de provincias que visitaban la capital, en este caso de Hubei y Hunan. Se fundó en 1807 y unas décadas después pasó a ser un teatro. Las óperas se representan en un historiado escenario con dosel rodeado de galerías.

En el momento de escribir esta guía, solo había una actuación por semana, los sábados a las 14.00. El **teatro Zhengyici** (PLANO: **6** P. 96 **B1**; 正乙祠戏楼, Zhèngyǐcí Xìlóu; 220 Qianmen Xiheyan, 前门西河沿220 号) es otra sala tradicional de dos plantas construida en 1668. En el momento de escribir esta guía solo

Teatro Zhengyici.
DEREK BROWN /ALAMY STOCK PHOTO ©

ofrecía una ópera a la semana, los viernes a las 19.30. Para algo más contemporáneo, se recomienda el **Centro de Artes Escénicas Tianqiao** (PLANO: **7** P. 96 **E7**; 天桥艺术中心, Tiānqiáo Yìshù Zhōngxīn; 9 Tianqiao Nandajie, 天桥南大街9号), con aforo para 1600 personas y varias representaciones diarias.

Advertencia: aunque la **Lao She Teahouse** (老舍茶馆, Lǎoshè Cháguǎn; 3 Qianmen Xidajie, 前门西大街3号) suena muy prometedora, ofrece obras de mala calidad, por lo que no se recomienda.

Hay que contactar con los teatros a través de WeChat; no hay información en inglés.

Comunidad musulmana de Beijing
MEZQUITA

PLANO: **8** P. 96 **A6**
Niu Jie (牛街礼拜寺, Niú Jiē Lǐbài Sì; 18 Niu Jie, 牛街18号), erigida en el s. X, es la mezquita más antigua de Beijing, aunque parece más

bien un templo chino con motivos islámicos. Carece de cúpulas y minaretes, pero tiene una bonita sala de plegarias al servicio de la comunidad local de chinos hui musulmanes, que regentan los restaurantes *halal* de la calle Ox (Niu Jie), como el Jùbǎoyuán (p. 104).

Los hui se clasifican como grupo étnico (el más numeroso de Beijing), pero culturalmente se parecen a los chinos han, a diferencia de los uigures, que hablan una lengua túrquica. Sus orígenes en China se remontan a los misioneros persas, y después a los soldados islámicos de Asia central que lucharon por la dinastía yuan mongola que conquistó China en 1279. Los viernes, la mezquita se llena de fieles; los no musulmanes no pueden entrar en horas de oración.

Hay que vestir adecuadamente (abstenerse de llevar pantalones cortos o falda corta). Se llega en la línea de metro 7 hasta Guang'anmennei.

Localizaciones en el plano de la **p. 96**

EXPLORA

DASHILAR Y SUR DE XICHENG

Lo mejor para...

¥ Económico   **¥¥** Medio   **¥¥¥** Alto

Comer

'Gourmet'

Suzuki Kitchen
铃木食堂 **¥¥**
 9 D2

Comida casera japonesa en un bonito *hutong*. *10-14 Yangmeizhu Xiejie*, 杨梅竹斜街*10-14*号

Ms Na
私房菜 **¥¥¥**
10 E1

Cocina innovadora, como pato al aroma de rosas, y una terraza preciosa. *Edificio 6, 4ª planta, Beijing Fun, 21 Langfang Toutiao*, 廊房头条*21*号北京坊*6*楼

Quanjude Roast Duck
全聚德和平门店 **¥¥¥**
11 B1

Emporio de siete plantas con 41 comedores de estilo comunista-chic. Es el buque insignia de la casa más famosa de pato asado de China. *14 Qianmen Xidajie*, 前门西大街*14*楼

Cocina local

Jùbǎoyuán 聚宝源 **¥**
12 A6

Destino culinario frente a la mezquita más antigua de Beijing. Hay cola para probar su clásica *fondue* de cordero. *5-2 Niu Jie*, 牛街*5-2*号

Wèi Dàdà Biángbiáng Miàn
魏大大**biangbiang**
面 **¥¥**
 13 D2

Especialistas en los anchos fideos picantes de Shaanxi. Se distingue por el *biángi* de 58 pinceladas, uno de los caracteres chinos más complicados. *32 Dashilar Xijie*, 大栅栏西街*32*号

Deyuan Roast Duck
德缘烤鸭店 **¥¥**
14 D3

Trinidad cárnica tradicional de Beijing: pato pekinés, cordero asado y burro. Hay que pedir una cerveza Yanjing bien fría y desabrocharse el cinturón. Excelente relación calidad-precio. *57 Dashilar Xijie*, 大栅栏西街*57*号

Beber

Cafés

Soloist Coffee Co
15 D2

Esta antigua casa de baños pública tiene una decoración industrial chic y muebles *vintage*, así como una terraza en la 2ª planta. *39 Yangmeizhu Xiejie*, 杨梅竹斜街*39*号

Berry Beans
16 D3

Café exquisito en una joya de *hutong* que fue un burdel en la era republicana. La terracita de la azotea ofrece vistas interesantes. *7 Zhujia Hutong*, 朱家胡同*7*号

Zapatería Neiliansheng.
STRIPPEDPIXEL.COM/SHUTTERSTOCK ©

Comprar

Recuerdos

Qiánkūn Kōngjiān

 17 D2

Tienda impredecible que merece la pena por sus láminas antiguas, mapas, telas y calcos de estelas. *26 Yangmeizhu Xiejie*, 杨梅竹斜街26号

Zapatería Neiliansheng

18 E2

Zapatería de 1853 con calzado de tela hecho a mano. *34 Dashilar Jie*, 大栅栏街34号

Libros

Page One

19 E1

Buen surtido de novelas en inglés y guías Lonely Planet en una de las mejores librerías de Beijing. Tiene tres plantas y pertenece a una cadena de Singapur. *Beijing Fun, manzana este, edif. E11*, 北京坊东区E11号楼

Róngbǎozhāi

20 B2

Pinturas de paisajes, rollos de caligrafía, grabados xilográficos y artículos de arte tradicional. *19 Liulichang Xijie*, 琉璃厂西街19号

Sugerencias
de lugares para
comer y beber en
p. 118

Explora
Sanlitun y Chaoyang

La Beijing moderna brilla en todo su esplendor en Sanlitun (三里屯), destino por excelencia para ir de compras, dejarse ver y salir de fiesta. Está al este, extramuros de las antiguas murallas de la ciudad, y pertenece a Chaoyang (朝阳), una zona de apariencia humilde pero bien surtida de hoteles de lujo, restaurantes *gourmet,* arquitectura audaz y el contemporáneo 798 Distrito del Arte. Es el sitio ideal para hacerse una idea de cómo encara China el futuro.

Chaoyang también aloja el distrito central de negocios de Beijing, situado 2,5 km al sur de Sanlitun. Es una zona en constante expansión con rascacielos que compiten en altura. Entre ellos destaca el China Zun, décimo edificio más alto del mundo. El lugar es excelente para probar comida internacional, ser atendido por un robot o salir de fiesta toda la noche.

Cómo desplazarse

 **Línea 1 de metro**
Va de este a oeste desde el centro, y para en Yong'anli (calle de la Seda) y Guomao (torre CITIC, línea 10).

 **Línea 3 de metro**
Abrió a finales del 2024 y va de este a oeste conectando Dongsi Shitiao (línea 2) con el estadio de los Trabajadores y Tuanjiehu (Taikoo Li).

 **Línea 6 de metro**
Discurre de este a oeste desde el centro y para en Chaoyangmen (templo de Dongyue, línea 2) y Hujialou (línea 10).

 **Línea 10 de metro**
Atraviesa el distrito de negocios de norte a sur, con paradas en Tuanjiehu (Taikoo Li), Guomao y Panjiayuan (mercado de Panjiayuan).

Centro comercial Taikoo Li (p. 115).

LO MEJOR

GALERÍAS DE ARTE
798 Distrito del Arte (p. 112)

FALSAS ANTIGÜEDADES
Mercado de Panjiayuan (p. 110)

DIORAMAS TAOÍSTAS
Templo de Dongyue (p. 116)

CLUB 'UNDERGROUND'
Zhao Dai (p. 116)

CENTRO COMERCIAL
Taikoo Li Sanlitun (p. 115)

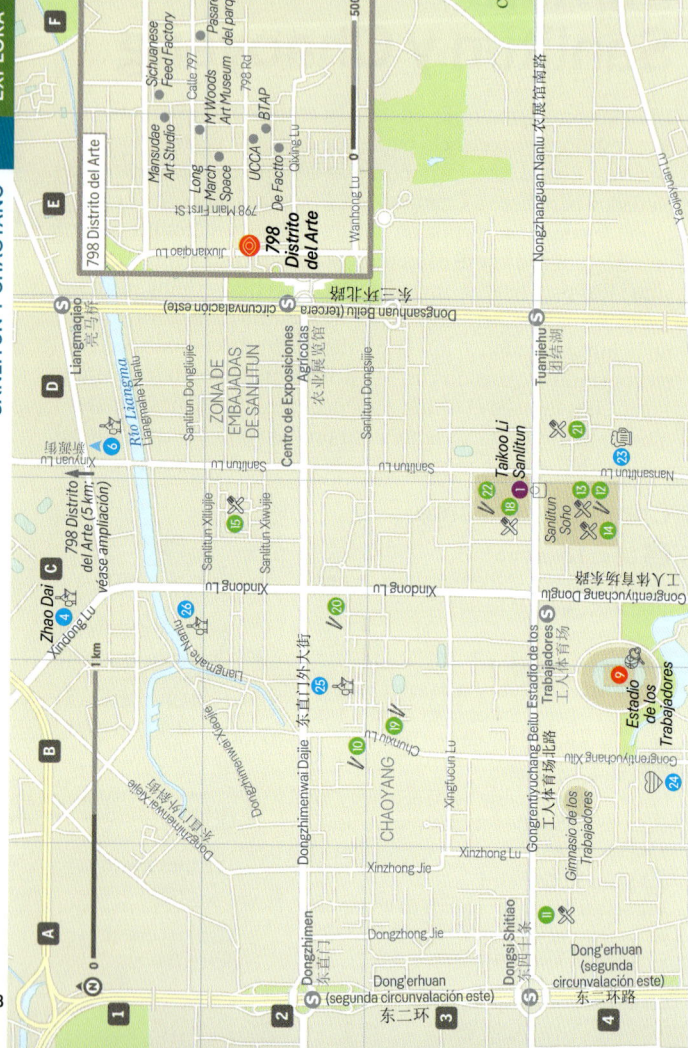

798 Distrito del Arte

Sichuanese Feed Factory
Pasarela del parque D
Mansudae Art Studio
Calle 797
M Woods Art Museum
Long March Space
798 Rd
UCCA
BTAP
De Facto
798 Main First St
Jiuxianqiao Lu
Wanhong Lu
Qiking Lu

798 Distrito del Arte

500 m
0

张万北北路
Dongsanhuan Beilu (tercera circunvalación este)

Lianemaqiao
亮马桥
Lianemate Nanlu

Río Liangma
亮马河

Xinyuan Lu

Nongzhanguan Nanlu 农展馆南路

Parque Chaoyang

ZONA DE EMBAJADAS DE SANLITUN

Centro de Exposiciones Agrícolas
农业展览馆

Sanlitun Dongjie
Sanlitun Donglujie
Sanlitun Lu
Sanlitun Lu
Nansanlitun Lu

Tuanjiehu
团结湖

Taikoo Li Sanlitun

Sanlitun Soho

798 Distrito del Arte (5 km; véase ampliación)

Zhao Dai

Xindong Lu

Sanlitun Xiliujie
Sanlitun Xiwujie

Xindong Lu

Xindong Lu

1 km

Gongren-tiyuchang Donglu
工人体育场东路

Estadio de los Trabajadores

Lianemaqiao Nanlu

Dongzhimenwai Dajie

Chunxiu Lu

Xingfucun Lu

Gongrentiyuchang Beilu Estadio de los Trabajadores
工人体育场

Gongrentiyuchang Xilu
Gimnasio de los Trabajadores

Dongzhimenwai Xiejie

CHAOYANG

Xinzhong Lu

Xinzhong Jie

Dongsi Shitiao
东四十条

Dongzhimen
东直门

Dongzhong Jie

Dong'erhuan (segunda circunvalación este)
东二环

Dong'erhuan (segunda circunvalación este)
东二环路

Más información

Imprescindible ✖ p. 110
Experiencias ✖ p. 115
Comer ✖ p. 118
Beber 🍺 p. 119

5 · 6 · 7 · 8

F · E · D · C · B · A

Parque Tuanjiehu

Tuanjiehu Lu 团结湖路

Hujialou Beilu

Hujialou Beijie

Chaoyang Beilu

Chaoyang Dajie

Sede de CCTV

Guanghua Lu 光华路

Torre CITIC

Mercado de Panjiayuan

Dongsanhuan Zhonglu (tercera circunvalación este media)
东三环中路

Hujialou 呼家楼 S

Chaoyang Beilu

Chaoyang Dajie

Jintaixizhao 金台夕照 S

Guandongdian Nanlie

Guomao 国贸 S

Atmosphere

17

16

7

Dongdaqiao

东大桥 S

Jintongxi Lu

Dongdaqiao Lu

Dongdaqiao Lu

Xiushui Dongjie

Yong'an Li 永安里 S

Jianguomenwai Dajie 建国门外大街

Ritan Donglu

Xiushui Beijie

Xiushui Nanjie

Ritan Beilu

Parque Ritan

日坛公园

Guanghua Lu 光华路

Ritan Lu

Ritan Lu

Ritan Nanjie

Gongrentiyuchang Nandu

Templo de Dongyue
8

朝阳门外大街 Chaoyangmenwai Dajie

ZONA DE EMBAJADAS DE JIANGUOMENWAI

DDC 3

DADA 2

Yabao Lu

Chaoyangmen 朝阳门 S

Dong'erhuan (segunda circunvalación este) 东二环

Jianguomen 建国门 S

Jianguomenwai Dajie 建国门外大街

109

★ IMPRESCINDIBLE

Mercado de Panjiayuan

¿Paraíso para amantes de las curiosidades o meca de la falsificación? Panjiayuan es ambas; y además, divertidísimo. En sus cerca de 3000 puestos no hay valiosos cuencos estilo Doucai, pero sí bustos de Mao, ejemplares del *Pequeño libro rojo* y carteles de tabaco descoloridos.

PLANO: P. 108 **E8**

CONSEJO
Para llegar, hay que tomar la línea 10 de metro hasta Panjiayuan, tomar la salida B y caminar unos 200 m al oeste hasta la entrada principal. Hay que dedicarle 2 o 3 h porque es enorme. Abre de 8.30 a 18.00 lu-vi y desde las 4.30 sa-do.

'Kitsch' comunista
Panjiayuan (潘家园古玩市场, Pānjiāyuán Gǔwán Shìchǎng; 18 Huaweili, 华威里18号) es ideal para comprar parafernalia maoísta como el *Pequeño libro rojo,* una compilación de citas del Gran Timonel que en realidad se titula *Citas del presidente Mao Zedong.* Su sobrenombre se debe a su formato y al color de su cubierta. Desde la infame Revolución Cultural se han impreso 900 millones de ejemplares; solo la Biblia lo supera en número de copias.

También hay carteles de propaganda tipo "¡Abajo los imperialistas americanos!" entre pins y bustos de porcelana del dictador y demás quincalla del PCCh.

Antes de comprar nada, hay que darse una vuelta, comparar precios y regatear con firmeza. Una buena pauta es decidir de antemano el precio máximo que se quiera pagar y comenzar ofreciendo la mitad. Oferta y demanda en el paraíso del comunismo *kitsch.*

Artesanía china
El mercado también es un buen sitio para comprar caligrafía tradicional, pinturas sobre pergamino, xilografía, sellos, papel y piedra de entintar. También hay réplicas de muebles

Mercado de Panjiayuan.
SIHASAKPRACHUM/SHUTTERSTOCK ©

de la dinastía Qing, fragmentos de porcelana de dinastías anteriores y cuentas de collares. Se encontrarán antigüedades auténticas en la otra punta de la ciudad, en la calle cultural Liulichang, pero sus precios son estratosféricos.

Mercado fantasma

El mercado alcanza su apogeo los fines de semana y, siguiendo la tradición de los *guǐ shì* ("mercados fantasmas") de la dinastía Qing, abre al amanecer. Hacia el atribulado final de esa dinastía, los nobles destituidos tuvieron que vender sus reliquias y tesoros familiares, cosa que hacían bajo el velo protector de la noche. El mercado actual se instaló en este lugar a principios de la década de 1990.

Cuanto antes se llegue, más fácil será encontrar algo interesante.

UNA PAUSA
Hay puestos de fideos en ambos extremos del mercado. También se verán los típicos cafés de cadenas internacionales.

★ **IMPRESCINDIBLE**

798 Distrito del Arte

Este distrito es un enclave de galerías instalado en un antiguo complejo de fábricas de la década de 1950. A principios de la del 2000, los artistas chinos transformaron sus talleres vacíos en estudios diáfanos. Durante la pandemia perdió varias galerías, pero sigue siendo digno de una visita.

PLANO: P. 108 **E2**

CONSEJO

Se llega en la línea 14 hasta Wangjingnan. Desde allí hay que recorrer 1,5 km a pie o en taxi hasta la entrada sur. Casi todas las galerías cierran los lunes.

Escanea este código QR para acceder a la web de la UCCA, con información actualizada sobre exposiciones.

Orientación

El **798 Distrito del Arte** (798 艺术区, Qī Jiǔ Bā Yìshù Qū; Jiuxianqiao Lu, esq. 798 Lu, 酒仙桥路 798路的路口) es descomunal, así que es difícil saber por dónde empezar cuando se visita por primera vez. Para orientarse, lo mejor es localizar la **galería UCCA,** situada en el centro; desde allí irradia hacia el norte la zona donde están casi todas las grandes galerías. Hay murales, grafitis, estarcidos y esculturas por doquier. Un radiante patio de recreo de instalaciones y arte público.

Arquitectura

La Fábrica Conjunta 718, como se conocía al principio, fue un modelo de la nueva política industrial china impuesta por el régimen a partir de 1957, año en que se construyó con materiales importados de Alemania Oriental en el *Transiberiano*. La normativa de conservación han salvado la antigua estación de la fábrica, las vías y la locomotora de vapor, junto con sus colosales chimeneas industriales, los dormitorios de los trabajadores y, sobre todo, los diáfanos talleres y fábricas de estilo Bauhaus. El sitio recuerda a un set de una película *steampunk* y su tamaño es abrumador. Para gozar de una vista elevada de este pedazo de la China industrial de la década de 1950 hay que recorrer la **pasarela del parque D,** al este del complejo.

Entrada al 798 Distrito del Arte.
RICK SIU/SHUTTERSTOCK ©

Galerías

Las grandes suelen cobrar una entrada de 60 ¥
aprox.

UCCA

La **UCCA** (siglas en inglés de Centro Ullens
de Arte Contemporáneo; 尤伦斯当代艺术中心,
Yóulúnsī Dāngdài Yìshù Zhōngxīn) se remodeló
en el 2019 y sigue siendo la mejor galería de arte
contemporáneo. Muchas superestrellas internacionales han expuesto aquí desde que abrió en el
2007 y hoy sigue ofreciendo grandes exposiciones
(a veces varias a la vez; cobra entrada). La fundó
una pareja de coleccionistas de arte belgas que
reunió el mayor conjunto de arte contemporáneo
chino. En el 2017 se la vendieron a un grupo
de inversores chinos que decidieron mantenerla
como empresa sin ánimo de lucro.

UNA PAUSA
Para comer
como es debido,
hay que ir a
la Sichuanese
Feed Factory
(吃厂, Chī Chǎng),
en el norte
del complejo.
También hay
muchos cafés en
los alrededores.

BAUHAUS
Según la arquitectura de la Bauhaus, la escuela de diseño y arquitectura alemana, la forma sigue a la función. Los regímenes comunistas adoptaron algunos de sus elementos, sobre todo el énfasis en la simplicidad y los materiales económicos, pero ignorando las consideraciones estéticas.

DE FACTTO
Frente a la BTAP está **De Factto** (其实文化, Qíshí Wénhuà), café, tienda de vinilos y local de *jazz*. Publica su programación de conciertos en su cuenta de WeChat (defactto).

Long March Space
El **Long March Space** (长征空间, Chángzhēng Kōngjiān) es una de las primeras galerías de pintura, escultura y videoinstalaciones chinas contemporáneas, paladín de los artistas emergentes y del panorama artístico nacional desde el 2002.

M Woods Art Museum
Fundada por coleccionistas de arte chinos en el 2014, **M Woods** (木木美术馆, Mùmù Měishùguǎn) monta excelentes exposiciones temáticas según su lema fundacional, "FAT" ("Free, Alchemical, Timeless": "libre, alquímico, intemporal"), que se traduce en que todo vale en términos de fusión de estilos, épocas y géneros eclécticos. Es un laberinto de antiguos espacios fabriles distribuidos en varias plantas.

BTAP
La **BTAP** (Beijing Tokyo Art Projects; 东京画廊, Dōngjīng Huàláng), hermanada con la japonesa Tokyo Gallery, fue la primera galería internacional que alquiló un espacio de exposición en el 798, allá por el 2002. Desde entonces, este modesto taller industrial de estilo Bauhaus ha expuesto la obra de muchos artistas chinos en ciernes. En el muro de enfrente hay un antiguo eslogan comunista que reza: "Apoya el pensamiento de Mao Zedong".

Mansudae Art Studio
Mansudae (万寿台创作社, Wànshòutái Chuàngzuò Shè) es una insólita avanzadilla de Corea del Norte que expone pintura y escultura de estilo realista socialista: las típicas idealizaciones de mineros broncíneos, soldados cincelados y líricos paisajes. Las obras se crean en el estudio oficial del Gobierno en Pionyang, responsable de todo el arte público y escultórico de la dictadura norcoreana. También vende otras fruslerías propagandísticas, como sellos conmemorativos y revistas con relucientes tractores en la portada.

Ver y dejarse ver en Taikoo Li

CENTRO COMERCIAL

PLANO: **1** P. 108 **C4**

Taikoo Li (三里屯太古里, Sānlǐtún Tàigǔlǐ; 19 Sanlitun Lu, 三里屯路19号) es el principal destino para disfrutar de la alta costura y la gastronomía urbana, el lugar donde acuden a derrochar los amantes de la moda. Es un centro comercial al aire libre dispuesto a ambos lados del hotel Opposite House. Taikoo Li norte es parte más exquisita, con marcas de lujo como Alexander McQueen, Canada Goose y la marca coreana de gafas Gentle Monster. En la parte sur están Apple, Adidas y casi todos los restaurantes; los mejores tienen terrazas en la última planta.

Panorama musical 'underground'

MÚSICA EN DIRECTO

En el distrito ruso de Chaoyang sur hay dos de los locales de música en directo más antiguos de Beijing: Dada y DDC. Ambos dejaron el centro en el 2021, huyendo de la estricta normativa y los desor-bitados alquileres de los *hutong,* y se acomodaron en el sótano abandonado de un mugriento edificio postapocalíptico.

Al **DADA** (PLANO: **2** P. 108 **B6**; @dadabarbeijing; Ritan International Trade Center, B1, bloque A, 日坛国际贸易中心A座北门B1, 南营房胡同) se accede por la entrada noroeste del edificio. Es uno de los mejores locales de Beijing para gozar de ritmos con una potente línea de bajo, pero no ha perdido su aire modesto de antro. Su nueva sede industrial y original elenco de DJ los fines de semana mantienen vivo el ambiente *underground*.

En el mismo complejo, del lado noreste, está el **DDC** (PLANO: **3** P. 108 **B6** Dusk Dawn Club; @ddc_dusk dawnclub; 黄昏黎明俱乐部, Huánghūn Límíng Jùlèbù; 39 Shenlu Jie, B1, 神路街39号地下一层), un sitio genial para ver bandas pequeñas y medianas, desde grupos de *post-rock noise* a folk, tanto chinos como extranjeros. Tiene aforo para 700 personas y una estética de refugio antiaéreo.

 UN MASAJE A CIEGAS

El objetivo del masaje chino (*tuīná;* 推拿) es estimular la *qi* (energía) que fluye por los meridianos o conductos del cuerpo. No solo sirve para aliviar la musculatura, sino para tratar varias dolencias. Para darse un masaje de pies o corporal como es debido, se recomienda un centro de masajistas ciegos (hay que buscar los ideogramas 盲人按摩 en los mapas de Baidu o Dianping). Si se busca un rato a la luz de las velas con aromaterapia y música relajante, habrá que ir a una cadena de *spa* como Dragonfly (dragonfly.net.cn) o Bodhi (bodhi.com.cn).

Para consultar la programación de ambas hay que visitar sus cuentas de Instagram.

De clubes por Chaoyang CLUBES

Las mayores y más fastuosas discotecas de Beijing están al lado oeste del estadio de los Trabajadores; para una noche de baile menos glamurosa hay que adentrarse en el norte de Chaoyang. Se recomienda **Safehouse Collective** (Bǎihuì; 百会; baihui.live), local de música electrónica.

Zhao Dai (PLANO: **4** P.108 **C1**; @zhaodaiclub; Zhāodàisuǒ; 招待所; edif. Genasi, 19 Xinyuanli Xilu; 新源里西19号格纳斯大厦) cuenta con una gran pista de baile al noreste de Dongzhimen y es muy fiable para escuchar *techno*.

Groundless Factory (PLANO: **5** P.108 **F4**; @groundlessfactory; Mòxūyǒu Gōngchǎng, 莫须有工厂; iWork Cultural & Creative Park, bajo la torre Water, 5 Zuigongfen, 醉公坟甲5号, 安家iWork文创, 水塔下) tiene un espacio de almacén con aforo para más de 1000 personas y de vez en cuando invita a un DJ de renombre. Está junto a la salida de la quinta circunvalación, al este del parque Chaoyang.

Por último, **Wigwam** (PLANO: **6** P.108 **D1**; @wigwam.live; 4 Jiangtai Shangye Jie, 将台商业街4号) ofrece DJ locales con alguna que otra estrella internacional en un espacio más íntimo. Está cerca del 798 Distrito del Arte.

De altos vuelos BAR

PLANO: **7** P.108 **D8**

Para echar un vistazo a algunos de los edificios más modernos de Beijing, sobre todo la sede de CCTV (apodada "grandes pantalones") y el rascacielos más alto de la ciudad, la torre CITIC, hay que ir al **Atmosphere** (云酷, Yúnkù; China World Summit Wing, 1 Jianguomenwai Dajie, 建国门外大街1号北京国贸大酒店80层), un bar en la 80ª planta de la China World Tower, que es lo más alto que se puede estar en Beijing. El *lounge* tiene mejores vistas, y el bar es algo escandaloso de noche, cuando hay karaoke. Una cerveza cuesta 68 ¥ y una copa de vino o un cóctel, 158 ¥. También sirve comida. Abre a diario de 14.00 a 2.00. Se entra por el vestíbulo del hotel Shangri-La, cerca de la estación de metro de Guomao.

Experiencia mística TEMPLO TAOÍSTA

PLANO: **8** P.108 **B5**

El mórbido **templo de Dongyue** (东岳庙, Dōngyuè Miào; 141 Chaoyangmenwai Dajie, 朝阳门外大街141号), dedicado al Tai Shan, el más oriental de los cinco montes taoístas de China, es un lugar de culto perturbador pero fascinante. Sus lúgubres salas centrales tienen un aire de misticismo sombrío sin igual.

Destacan sus 76 salas con escenas macabras que representan varios departamentos burocráticos del inframundo taoísta. Así, se puede meditar sobre el sentido de

El taoísmo (道教; Dàojiào; literalmente, "enseñanzas del camino") es la religión china más difícil de entender. Gran parte de su cultura religiosa, contrapunto natural de la jerarquía y el orden confucianos, deriva del animismo y chamanismo ancestrales. En la vida diaria, cumplía distintos objetivos, entre ellos el cultivo interior y la transformación de la energía interna *(qi),* el exorcismo de malos espíritus, la adivinación y los rituales que garantizaban la bendición de los dioses. Las prácticas taoístas han influido mucho en la medicina china, las artes marciales y la tecnología. En su origen, esta religión bebió de las enseñanzas de antiguos filósofos como Lao-Tse (que escribió el 道德经 o *Tao Te Ching*) y Zhuang Zi. Sin embargo, los eruditos chinos suelen diferenciar entre religión y filosofía taoísta.

la vida mientras se examina el Departamento de Fantasmas Errantes o el de Aplicación de 15 Tipos de Muerte Violenta.

Otras partes del templo son igual de fascinantes. El cavernoso salón Daiyue se consagra al dios del Tai Shan, que gobierna los 18 círculos del infierno. Para verlo en su apogeo, hay que visitarlo en épocas festivas, sobre todo durante el Año Nuevo chino y el Festival de Mediados de Otoño.

Las salas del fondo son un museo costumbrista con piezas que van desde piedras de molino a lacados y cometas o joyas de atrezo.

Ver un partido en el estadio de los Trabajadores   DEPORTE

PLANO: **9** P. 108 **B4**

Este **estadio** (工人体育场, Gōngrén Tǐyùchǎng; Gongrenti-yu-chang Beilu, 工人体育场北路) es uno de los 10 grandes edificios que Mao mandó erigir en 1959 para conmemorar la primera década de existencia de la República Popular. Por entonces acogía las típicas coreografías de masas, tan caras a los regímenes totalitarios, en los que miles de personas se mueven al unísono, en este caso para deletrear gigantes caracteres chinos. El edificio original se demolió en el 2020. En el 2023 abrió un estadio nuevo y mejorado para 68 000 espectadores.

Los aficionados al fútbol podrán ver en acción a Guo'an, el equipo de Beijing. La media de espectadores que asiste a sus partidos en casa supera las 40 000 personas, y ver un partido antes de ir a los bares y clubes de Sanlitun garantiza una noche muy divertida.

La Superliga China tiene 16 equipos, que se enfrentan entre ellos de marzo a noviembre. El estadio también acoge partidos amistosos internacionales. Las entradas se anuncian en la página de WeChat del club y se venden en la plataforma WeChat de Damai.

Lo mejor para...

Localizaciones en el plano de la p. 108

❤ Económico ❤❤ Medio ❤❤❤ Alto

Comer

Cocina regional

Méizhōu Dōngpō Jiǔlóu
眉州东坡酒楼 ❤

⑩ B2

Clásicos de Sichuan con excelente relación calidad-precio aderezados con sabrosos *huajiao* (granos de pimienta de Sichuan) en un fiable favorito de barrio. *7 Chunxiu Lu*, 春秀路7号

Baron Rozi Uyghur Restaurant
巴依老爷 ❤

⑪ A4

Falso rococó, lámparas de araña y un comedor cavernoso: un delicioso entorno para atiborrarse de *dapanji* (pollo picante) de Xinjiang. *Xinzhong, edif. Gongrentiyuchang Beilu*, 工人体育场北路新中大厦

Māmā de Wèidào
妈妈的味道 ❤

⑫ C4

Recomendable por su entorno tranquilo y refinada cocina casera.

Todo está rico, desde las costillas agridulces a los huevos y tomates salteados. *T+Mall, Nansanlitun Lu, 2ª planta*, 南三里屯路通盛中心2楼

Chua Lam's Dim Sum
蔡澜港式点心 ❤❤

⑬ C4

Bollos de cerdo a la barbacoa de espino, *dumplings* de gambas cristal y demás delicias *dim sum* en un local informal de Hong Kong. *T+Mall, 1ª planta, Nansanlitun Lu*, 南三里屯路通盛中心1楼

Hǎidīlāo 海底捞 ❤❤

⑭ C4

La cadena favorita de China para comer *fondue* picante. Para disfrutar de un espectáculo de primera, hay que pedir fideos hechos a mano. *Soho Mall Bldg 6, 8 Gongti Beilu*, 工体北路8号三里屯SOHO6号商场

Comidas elegantes

In & Out 一坐一忘 ❤❤

⑮ C2

Para pasear las papilas gustativas por el suroeste de China en un sofisticado local de Yunnan. Sirve clásicos con una

presentación impecable. *I Sanlitun Beixiaojie*, 三里屯北小街1号

Crystal Jade
翡翠江南 ❤❤

⑯ D8

Dim sum exquisito de Shanghái como los delicadísimos y coloridos *xiǎolóngbāo* (*dumplings* al vapor rellenos de caldo) en un mítico establecimiento de Singapur. *China World Mall, 4ª planta, I Jianguomenwai Dajie*, 建国门外大街1号国贸商城4层

Country Kitchen
乡味小厨 ❤❤❤

⑰ D6

Para darse un capricho a base de cordero asado y pato pekinés en un restaurante del norte de China con estrella Michelin del hotel Rosewood. *Rosewood Hotel, 3ª planta, Dongsanhuan*, 东三环呼家楼北京瑰丽酒店3层

Pato pekinés

Taste of Dadong (Rhapsody) 小大董 ❤❤

⑱ C3

El mejor de la ciudad para comer "pato moderno", con una fresca combinación de azules y algo

118

de teatro gastronómico. *Taikoo Li South Block, 3ª planta, Sanlitun Lu,* 三里屯路太古里南区*3*层

Jingzun Peking Duck
京尊烤鸭店 ♥♥

19 B3

Este infravalorado proveedor de pato pekinés ofrece buen precio (198/108 ¥ pato entero/medio) y no tiene nada que envidiar a los más famosos de Beijing. *6 Chunxiu Lu,* 春秀路*6*号

Shèng Yǒng Xīng
晟永興烤鸭店 ♥♥♥

20 C2

Su pato exquisito asado sobre madera de azufaifo es un bocado menos grasiento. *5 Xindong Lu,* 新东路*5*号

Internacional

Taco Bar 塔科酒吧 ♥♥

21 D4

Lleno de fiesteros que devoran tacos mexicano y cócteles matadores. *Cerca de Gongrentiyuchang Beilu, lote 10, patio 4,* 北京机电院内*4*号院

Migas Mercado
米家思 ♥♥

véase **16** D8

Este local español sirve platos como pulpo a la parrilla y cerdo ibérico en su fabulosa terraza del distrito de negocios. *China World Mall, 7ª planta, 1 Jianguomenwai Dajie,* 建国

门外大街*1*号国贸商城三期北区*7*层

+Pink 越南料理 ♥♥

22 C3

Moderno establecimiento vietnamita con todos los clásicos: *phở, bánh mì,* rollitos de primavera y café con hielo. *Taikoo Li bloque sur, 3ª planta, Sanlitun Lu,* 三里屯路太古里南区*3*层

Home Plate BBQ
本垒美式烤肉 ♥♥

véase **21** D4

Este local texano es el rey de la barbacoa. Sirve carne hecha a fuego lento, hamburguesas y cerveza artesana. *Cerca de Gongrentiyuchang Beilu, lote 10, patio 4,* 三里屯机电院*10*号

Tienstiens 将将 ♥♥

véase **21** D4

Sofisticado y amplio café en una azotea con vino y quesos franceses. *Cerca de Gongrentiyuchang Beilu, lote 10, patio 4,* 工人体育场北路*4*号*10*号楼

Beber
Bares

Slowboat Brewery

23 D4

Hay que echar el ancla en el Slowboat, una de las cervecerías artesanales

originales de EE UU en Beijing. *Tiene tres plantas de animada diversión. 6 Nansanlitun Lu,* 南三里屯路*6*号

Destination

24 B4

El mejor bar *queer* de Beijing tiene varias salas, bar con terraza, restaurante y todo un programa de eventos LGTBIQ+. *bjdestination.com.cn, 7 Gongrentiyuchang Xilu,* 工体西路*7*号

Mei Bar

véase **17** D6

Glamuroso bar de hotel con varias salas, terraza y buenos cócteles. *Rosewood Beijing, 5ª planta, Dongsanhuan,* 东三环呼家楼北京瑰丽酒店*5*层

Paddy O'Shea's

25 B2

Ideal para ver ese partido imprescindible. *Tiene varias pantallas. 28 Dongzhimenwai Dajie,* 东直门外大街*28*号

Arrow Factory Brewing

26 C1

Combina inventivas cervezas artesanales con impecable comida de *pub,* que sirve en un edificio de dos plantas con terraza en la azotea frente al río Liangma. 亮马河南路, *Liangmahe Nanlu*

Sugerencias
de lugares para
comer y beber en
p. 131

Explora
Palacio de Verano y Haidian

El inmenso distrito de Haidian (海淀区, Hǎidiàn Qū) se extiende hasta las colinas Occidentales, refugio inmemorial del polvo, el calor y el ruido de la antigua ciudad intramuros. Aquí se construyó el palacio de Verano (Yiheyuan), principal superviviente de la gran franja de fincas regias que comprende el Antiguo Palacio de Verano (Yuanmingyuan) y los picos sembrados de templos de las colinas Perfumadas. Hoy Haidian destaca por sus universidades, ubicadas alrededor del centro comercial de la estudiantil Wudaokou. Al lado está Zhongguancun, núcleo de innovación y tecnología de Beijing.

Cómo desplazarse

Ⓢ Línea 4 de metro
Conecta el centro con Haidian. Para en la Biblioteca Nacional (para ver los templos del canal) y en las puertas este y norte del palacio de Verano. Con transbordo a las líneas 1, 2, 6 y 19.

Ⓢ Línea 13 de metro
Lleva de Xizhimen (línea 2) a Wudaokou.

🚆 Tren
La línea de Xijiao viaja a las colinas Perfumadas, el jardín botánico y la puerta oeste del palacio de Verano. Conecta con el metro en Baogou (línea 10).

LO MEJOR

JARDINES IMPERIALES
Palacio de Verano (p. 124)

PAGODA JUNTO AL CANAL
Templo de Wuta (p. 128)

PAISAJE OTOÑAL
Colinas perfumadas (p. 130)

VIDA NOCTURNA ESTUDIANTIL
Wudaokou (p. 129)

ESTATUAS BUDISTAS
Templo de Wanshou (p. 128)

Palacio de Verano (p. 124).
PHOTO HEDGE/SHUTTERSTOCK ©

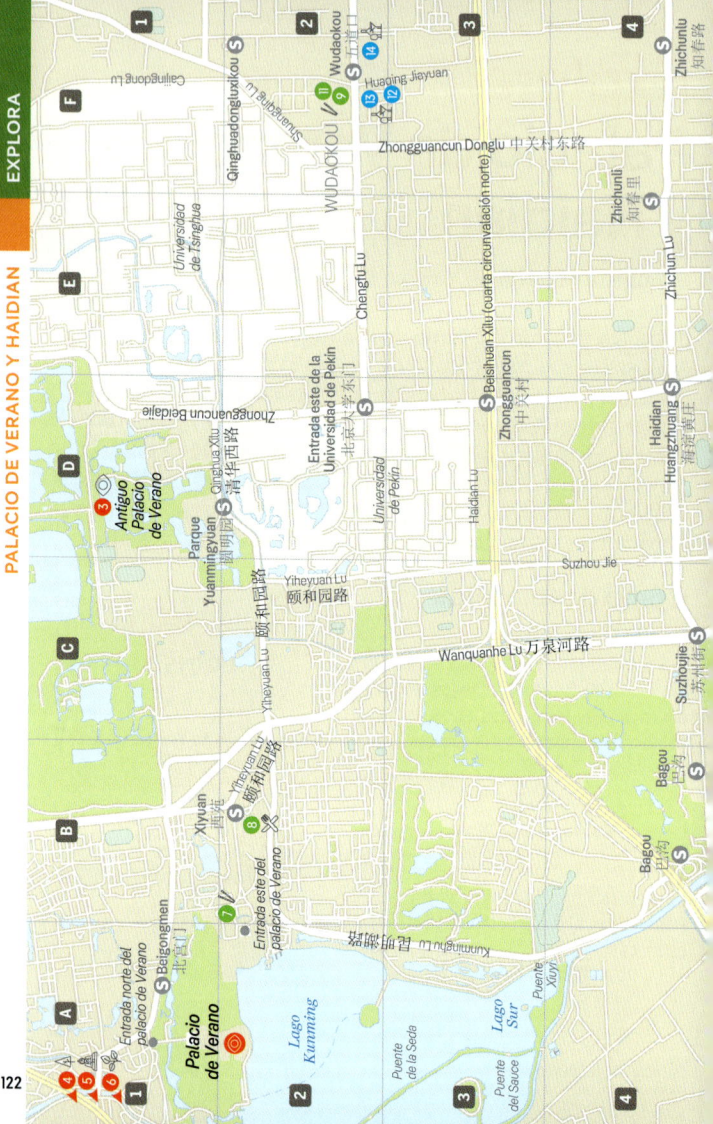

Cailingdong Lu

Qinghuadongluxikou Ⓢ
Ⓢ Wudaokou
Huaging Jiayuan

WUDAOKOU Shuangqing Lu

Zhongguancun Donglu 中关村东路

Universidad
de Tsinghua

Chengfu Lu

Zhongguancun Beidajie

Entrada este de la
Universidad de Pekín
北京大学东门

Ⓢ Beisihuan Xilu (cuarta circunvalación norte)

Ⓢ Zhongguancun
中关村

Universidad
de Pekín

Zhichunli
知春里

Zhichunli
知春里

Ⓢ Zhichunlu
知春路

Ⓢ Zhichunlu
知春路

Haidian Lu

Haidian
海淀

Huangzhuang
黄庄

Ⓢ

❸ Antiguo
Palacio
de Verano

Qinghua Xilu 清华西路

Parque
Yuanmingyuan 圆明园

Yiheyuan Lu
颐和园路

Suzhou Jie

Wanquanhe Lu 万泉河路

Ⓢ Suzhoujie
苏州街

Bagou
巴沟

Yiheyuan Lu 颐和园路

Xiyuan
西苑 ❽

Entrada este del
palacio de Verano

❼

Beigongmen
北宫门

Entrada norte del
palacio de Verano
北宫门

Kunming Lu

Lago
Kunming

Lago
Sur

Puente
Xiyu

▲❹
▲❺
▲❻

❶

Palacio
de Verano

❷

Puente
de la Seda

❸

Puente
del Sauce

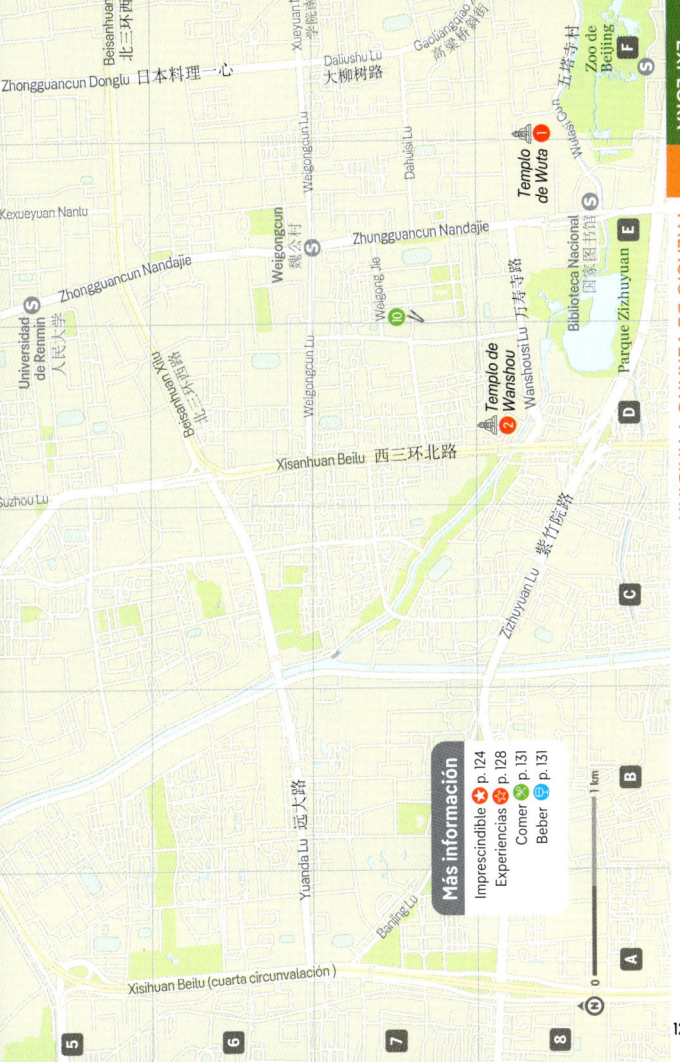

Palacio de Verano

El palacio de Verano (颐和园, Yíhéyuán) es una joya del diseño paisajista imperial y uno de los lugares imprescindibles de Beijing. Fue la residencia predilecta de la emperatriz viuda Cixí y vale la pena dedicarle un día entero, aunque unas horas por sus puentes arqueados, pabellones y templos encaramados en laderas no está mal para empezar.

PLANO: P. 122 **A2**

CONSEJO

La entrada principal es la puerta oriental, cerca de la estación de metro de Xiyuan. Se aconseja salir por las puertas norte u occidental, ambas con estaciones de metro.

Escanea este código QR para reservar entradas para visitar el palacio de Verano.

Historia

El palacio formó parte de los jardines imperiales mucho antes de que el emperador Qianlong lo embelleciera al convertirlo en el jardín de las Ondas Claras a mediados del s. XVIII. Sus elementos más antiguos son las vías fluviales: el central lago Kunming nació con la dinastía Yuan como reserva para suministrar agua a la ciudad. Pero hoy el palacio es más famoso por ser el retiro favorito del verdadero último gobernante de la China imperial: la emperatriz viuda Cixí.

Así como el **Antiguo Palacio de Verano** (p. 129) simboliza las transgresiones de las potencias extranjeras, este representa la decadencia caprichosa de Cixí y el desgobierno feudal que obstaculizó la modernización de China. Se cree que su corte malversó los fondos destinados a la armada para renovar el palacio justo antes de la desastrosa guerra Sino-japonesa de 1895. Según se cuenta, China necesitaba una armada moderna, pero tuvo que conformarse con el barco de Mármol de Cixí.

Tras la derrota, el emperador Guangxu, para quien Cixí gobernaba como regente, trató de hacerse con el poder y en 1898 instituyó la arrolladora Reforma de los 100 Días. Cixí respondió dando un golpe de Estado y confinando al emperador a un patio del palacio. Guangxu murió en 1908, apenas 24 h antes que Cixí; muchos creen que fue envenenado.

Lago Kunming.
FRANK FELL MEDIA/SHUTTERSTOCK ©

Trazado

El palacio de Verano se construyó alrededor del **lago Kunming,** en cuya orilla norte se alzaban sus elementos más destacados: la residencia imperial y la colina de la Longevidad. Un ferri viaja de la orilla este a la noroeste. Si se prefiere huir del gentío, se puede alquilar una barca en uno de los muelles. Un excelente circuito a pie lleva por el puente occidental a la orilla oriental, con vistas del lago y los puentes arqueados. Tras la colina hay dos puntos de interés originales.

Para una visita a fondo, se aconseja pedir una audioguía (40 ¥).

Salón de la Benevolencia y la Longevidad

Al entrar por la puerta oriental, se llega al **salón de la Benevolencia y la Longevidad,** desde donde reinaba Cixí. Hay que echar un vistazo

UNA PAUSA

En el recinto del palacio no hay restaurantes. Se aconseja llevar algo de picar y desayunar bien antes de entrar en Qingfeng Steamed Dumplings (p. 131), frente a la puerta oriental.

EL BARCO DE MÁRMOL

La punta occidental del gran Corredor da al barco de Mármol de Cixí, símbolo de lo alejados que estaban de la realidad geopolítica los últimos gobernantes de la China imperial.

al majestuoso trono y a la rocalla del jardín, inspirada en el famoso jardín de los Leones de Suzhou. Obsérvense también las estatuas del dragón y el fénix del patio, encarnación simbólica del emperador y la emperatriz. El fénix ocupa el centro, clara señal de que una mujer llevaba la voz cantante. Pero no todo era trabajo. Al norte está el **Gran Teatro,** de tres plantas, donde la corte disfrutaba de óperas. Al oeste están los aposentos, que aún lucen viejos muebles de la dinastía Qing. El **salón de las Olas de Jade** guarda los restos de los muros que Cixí mandó erigir para encarcelar al emperador Guangxu en 1898.

El Gran Corredor

Desde los aposentos de Cixí se accedía al **Gran Corredor,** una pasarela con dosel que recorre 728 m serpenteando hacia el oeste por la orilla

Salón de la Benevolencia y la Longevidad.

norte del lago Kunming, a los pies de la colina de la Longevidad. Al verla es fácil imaginarse a Cixí transportada en su silla de manos, disfrutando de la brisa fresca del lago y admirando las pinturas que adornaban cada travesaño, columna y arco.

Salón de la Longevidad

El elemento más destacado del palacio es la octagonal **pagoda del Incienso Budista,** un edificio de 41 m que se yergue sobre las laderas de la colina de la Longevidad, en cuya cima, tras la pagoda, está el **templo del Mar de la Sabiduría.** Este edificio, adornado con 1008 hornacinas con estatuillas de Buda, es uno de los más bonitos del palacio y brinda vistas sensacionales del lago Kunming en dirección a Beijing. A los pies de la colina de la Longevidad está el **salón de las Nubes Disipadas,** que mandó construir el emperador Qianlong para su madre en su 60° cumpleaños.

Puente occidental

Cuanto más al oeste se adentre el viajero en el palacio, menos gente encontrará. El elegante **puente occidental** discurre al sur durante 2 km sobre el agua y cruza otros seis puentes, entre los que destaca el empinado **puente del Cinturón de Jade.** Este paseo bordeado de sauces es uno de los mejores rincones para sacar fotos del palacio. Si no apetece dar la vuelta a todo el parque, se puede salir por la puerta occidental hacia la línea de Xijiao, o volver para tomar el ferri junto al barco de Mármol.

Tras la colina de la Longevidad

En la cima del lado norte de la colina de la Longevidad están las **Cuatro Grandes Regiones,** un conjunto de edificios de estilo tibetano que señala el inicio del descenso hacia la puerta norte. Detrás de la colina, en la base, está la **calle Suzhou,** donde los emperadores y sus consortes fingían ser ciudadanos de a pie que compraban baratijas con los eunucos ejerciendo de tenderos.

Admirar las tallas de piedra del templo de Wuta TEMPLO BUDISTA

PLANO: ❶ P. 122 F8

Si hay un lugar en Beijing capaz de acabar con el hastío de ver templos, ese es el **Wǔtǎ Sì** (五塔寺; 24 Wutasi Cun, 五塔寺村24号). Esta joya poco conocida es digna de una visita, y no solo por su original diseño, más propio de la India que de la China imperial, sino por su magnífico conjunto de mampostería antigua –estatuas, estelas, altares y tronos– rescatada de las ruinas de Beijing.

El templo se erigió en 1473 para honrar la visita de un lama indio y en un principio se llamó Zhenjue. Fue uno de los muchos a orillas del canal que conectaba la capital con los jardines imperiales. Es un edificio cuadrangular inspirado en el templo indio de Mahabodhi y está cubierto por completo de imágenes de Buda, cada una con *mudras*

(gestos de la mano) únicos. Los Qing sintieron especial predilección por este templo; el emperador Qianlong celebró en él dos suntuosas fiestas de cumpleaños para su madre y mandó construir una pagoda similar en el templo de las Nubes Celestes (p. 130).

Sus jardines, despojados de sus salones, perdidos hace mucho, se han cedido al **Museo de Arte de Tallas de Piedra de Beijing,** que tiene piezas de la dinastía mongola Yuan e incluso algunas de los Han del Este. El templo queda al este de la estación de metro de la Biblioteca Nacional. Cierra los lunes.

Visitar el tranquilo templo de Wanshou TEMPLO BUDISTA

PLANO: ❷ P. 122 D8

Cuando se abrió, en 1577, el tranquilo y poco concurrido **templo de Wanshou** (万寿寺, Wànshòu Sì; 121 Wanshousi Lu, 万寿寺路121号)

IA EN LA CAPITAL

Haidian es hogar de docenas de universidades, entre ellas dos de las mejores de China: la Universidad de Pekín y la de Tsinghua. Pero, en los últimos años, el distrito ha cobrado fama por Zhongguancun, el Silicon Valley chino, nutrido con el talento de los licenciados más brillantes del país. Zhongguancun es un próspero distrito de empresas emergentes, compañías tecnológicas e innovación respaldado con fondos del Gobierno. Nació como una calle de tiendas de electrónica en 1978, cuando China empezó su ronda inicial de reformas económicas, y se ha convertido en el centro de la inteligencia artificial del país, donde más de una docena de laboratorios de IA procesan grandes volúmenes de datos para desarrollar tecnología emergente, como reconocimiento facial, asistentes virtuales y *chatbots* programados para seguir la línea del PCCh.

se consagró a custodiar textos budistas. Hoy es más bien un museo con excelentes exposiciones de antigüedades.

Tras pasear bajo los magnolios del patio y ver las exposiciones sobre su historia en el salón de los Reyes Celestiales, a la entrada, se llega a su preciada colección de estatuas de bronce, en el segundo patio, que contiene representaciones chinas de Sakyamuni, Manjusri, Amitabha y Guanyin en una sala lateral. En el ala opuesta hay figuras tibetanas.

En el patio siguiente está el salón Wanshou, una sala de dos plantas con una espléndida exposición sobre la longevidad en la pintura, la cerámica y la xilografía. A continuación, está el salón Da Chan, con piezas de caligrafía, piedras de entintar y pinceles. El pabellón al fondo del complejo tiene una pagoda en miniatura de la dinastía Ming con aleaciones de oro, plata, cinc y plomo. En un patio contiguo hay mobiliario Ming y Qing.

El templo queda al oeste de la estación de metro de la Biblioteca Nacional. Cierra los lunes.

Gangas en Beijing ZONA DE OCIO

Beijing ya no es la ganga que fue, pero aún se puede disfrutar de una noche barata en **Wudaokou** (五道口), el centro estudiantil de la capital. Sus ruidosos restaurantes coreanos y japoneses sirven comida económica a los estudiantes del barrio. "Wu" también es

hogar de los clubes y bares más baratos de Beijing, donde un trago de cualquier bebida dudosa sale por solo 10 ¥. Una típica noche de fiesta arranca con comida coreana y mucho *soju* (bebida destilada coreana), y acaba en el Propaganda (p. 131), un club con aire de antro.

Agravios del pasado en el Antiguo Palacio de Verano PARQUE

PLANO: **3** P. 122 **D1**

Del **Antiguo Palacio de Verano** (圆明园, Yuánmíngyuán; 28 Qinghua Xilu, 清华西路28号) solo quedan ruinas. En su día fue el lugar más hermoso de la Beijing imperial. Cientos de edificios de estilo chino y tibetano, además de varios palacios jesuitas, adornaron sus 350 Ha de jardines reales de exquisito diseño hasta el noroeste de la ciudad (para hacerse una idea, quintuplicaban el tamaño de la Ciudad Prohibida). Pero en 1860 las tropas británicas y francesas saquearon e incendiaron el complejo en lo que puede describirse como una de las mayores tragedias culturales de la historia moderna de China, aunque lejos de la vivida durante la maoísta Revolución Cultural. Todo lo que queda del palacio es un parque público. Aunque hay poco que ver, el jardín de la Perfección y de la Luz conserva su importancia: su destrucción quedó grabada a fuego en los libros chinos de historia como la mayor humillación del Reino Medio a manos de potencias extranjeras.

DE EXCURSIÓN POR LOS ALREDEDORES DE BEIJING

Para ver de cerca el agreste paisaje montañoso que asoma tras la quinta circunvalación, lo mejor es apuntarse a una excursión organizada.

En teoría se podría ir en transporte público hasta una ruinosa atalaya de la Gran Muralla, pero ¿para qué complicarse la vida? Beijing Hikers (beijinghikers. com), con más de dos décadas de experiencia, domina las mejores excursiones de la zona y ofrece lanzadera y guías para llevar y traer al viajero con la máxima comodidad.

Suele ofrecer varias salidas cada semana, con distinta distancia y nivel de dificultad.

Los antiguos jardines ocupan una superficie inmensa –2,5 km de este a oeste–, por lo que hay que caminar bastante, sobre todo porque los pocos restos que hay –los palacios jesuitas y la Gran Fuente– están muy lejos de la estación de metro (parque Yuanmingyuan).

Admirar el follaje de las colinas Perfumadas

EXCURSIONISMO

Una gran zona de las colinas Occidentales fue en su día un recinto de ocio imperial. Son varias hectáreas de bosques de pinos y cipreses salpicadas de templos, pabellones y miradores que se remontan a la dinastía Qing. En 1956, las **colinas Perfumadas** (PLANO: ❹ P.122 AI; 香山公园 Xiāng Shān Gōngyuán; 40 Maimai Jie, 买卖街40号) se abrieron como parque público. Hoy se llena en otoño, cuando sus arces se visten de rojo y dorado. Los días claros se ven los rascacielos de Beijing, a 20 km de distancia, desde el pico del Quemador de Incienso (557 m). El soberbio templo de las Nubes Celestes ya compensa por sí solo la visita.

Para la mayoría de los visitantes, las colinas Perfumadas suponen un ascenso agotador por callejuelas en zigzag y escalones interminables que pasa por templos y villas imperiales. Se tarda más o menos 1 h desde la entrada principal del norte hasta el pico. También se puede subir en el telesilla y ahorrar energía para el largo descenso.

En vez de ir directamente a la cima, se puede empezar por una visita al **templo de las Nubes Celestes** (PLANO: ❺ P.122 AI; 碧云寺, Bìyún Sì), con su pagoda de cinco torres e impresionante salón con 500 *luohans;* está justo a la salida de la entrada norte. Al suroeste está el enorme templo de la Brillantez, de estilo tibetano, y muy cerca está la mítica pagoda de tejas vidriadas de Xiangshan.

El **jardín botánico** (PLANO: ❻ P.122 AI; 北京植物园, Běijīng Zhíwùyuán) también está cerca. Contiene parterres, un invernadero y el templo del Buda Dormido.

Lo mejor para...

❤ Económico   **❤❤** Medio   **❤❤❤** Alto

Comer

Cerca del palacio de Verano

Qingfeng Steamed Dumplings
庆丰包子哺 **❤**

 7 B2

Local de una popular cadena a las puertas de la entrada oriental del palacio. Sirve bollos al vapor, fideos y *dumplings* ideales para un desayuno o almuerzo rápido y sabroso. *19 Gongmenqian Jie,* 宫门前街19号

Yúnhǎi Yáo 云海肴 **❤❤**

8 B2

Fabuloso restaurante de Yunnan oculto entre cadenas estadounidenses de comida rápida en la estación de metro de Xiyuan (entrada oriental del palacio de Verano). *208 Yiheyuan Lu,* 颐和园路208号

Distrito de Haidian

Bāozhuāng Mǎchē
包装马车 **❤**

 9 F2

Este restaurante sin ventanas lleva saciando a los coreanos que añoran su país desde 2004. Sirve el *fondues* de Seúl a base de pasteles de arroz, tofu, *ramen* instantáneo, verduras y proteína a escoger. Una basta para dos o tres comensales. *Dongyuan Plaza, 3ª planta, 35 Chengfu Lu,* 成府路35号东源大厦3层

Golden Peacock 金孔雀德宏傣味餐馆 **❤❤**

 10 E7

Restaurante especializado en cocina dai que sirve favoritos de Yunnan, como pescado a la parrilla con limoncillo y aromático arroz con piña. *1 Minzu Daxue Beilu, Weigongcun,* 魏公村民族大学北路1号楼1层

Isshin Japanese Restaurant
有薫一心日本料理 **❤❤**

 11 F2

Desde rollitos de *maki* a *fondue* de carne vacuna, este local sirve excelente comida japonesa a precios de estudiante. Está alejado de la calle principal, 150 m al noroeste de la estación de Wudaokou. *Edif. oeste, sala 403, 35-2 Chengfu Lu,* 成府路35-2号院内西楼403室

Localizaciones en el plano de la p. 122

Beber

Bares

Propaganda

12 F3

Veterano club de Wudaokou con aire de antro, bebidas baratísimas y música *dance* electrónica cursi. *12 Huaqing Jiayuan,* 华清嘉园12号楼

Lush

13 F2

De día sirve desayunos, hamburguesas y ensaladas a precios de estudiante. De noche, ríos de cerveza y cócteles. *1 Huaqing Jiayuan, Chengfu Lu,* 华清嘉园1号楼2层

Wu Club

14 F2

Copas muy baratas, música *dance* electrónica premezclada y una clientela universitaria se combinan para ofrecer un buen rato en este club bajo el centro comercial U-Centre. *36 Chengfu Lu,* 成府路36号五道口购物中心一层

La Gran Muralla

Esta fortificación, que recorre miles de kilómetros por la frontera histórica del imperio, es uno de los monumentos más imponentes del mundo. Las secciones más famosas, todas restauradas y provistas de buenos servicios, son fácilmente accesibles desde Beijing y atraen a millones de visitantes cada año.

CONSEJO
Hay que reservar la visita con la máxima antelación. Badaling tiene un límite diario de 65 000 visitantes y los días festivos está atestado. Los circuitos de Mutianyu también se agotan.

Escanea este código QR para reservar la entrada al sector y el teleférico de Badaling.

Badaling

Badaling (八达岭, Bādálǐng) es el pilar del turismo de la Gran Muralla y el Gobierno lleva restaurándolo con mimo desde la década de 1950. Por lo general, cuando un viajero occidental dice que ha visto la Gran Muralla, es que ha visto Badaling. Es fácil contratar circuitos en grupo y se puede disfrutar de un servicio de puerta a puerta con guías bien documentados. Pero Badaling es además el principal destino de quienes viajan por su cuenta, pues visitarlo es fácil gracias al tren bala desde Beijing. Puede estar abarrotado, pero su práctica ubicación y vistas arrolladoras lo convierten en una de las excursiones más atractivas del mundo. La entrada a la Gran Muralla cuesta 40 ¥/adultos y es gratis para las personas mayores y los menores de seis años.

Su arquitectura es un espejo del apogeo de Badaling en el s. XVI, aunque el lugar ha albergado fortificaciones desde la era de los Reinos Combatientes, hace más de 2000 años. Su muralla tiene una anchura de entre 4 y 5 m, medida que se decía abarcaba 10 hombres dispuestos hombro con hombro, y la caballería podía desplazarse de torre

Atalaya, sección de Badaling.
VADIM PETRAKOV/SHUTTERSTOCK ©

a torre. Badaling ocupaba una importante posición estratégica, sobre todo cuando la cercana Beijing se convirtió en la capital de la dinastía Ming en 1421.

Visitar el Museo de la Gran Muralla

Este museo con más de 2000 piezas abrió en 1994 para ilustrar la historia e importancia de Badaling. Actualmente se está reformando y se prevé que reabrirá en el 2025, ampliado, modernizado y mejorado.

De excursión por Badaling

Este sector de la Gran Muralla abarca 12 km del altiplano de Badaling, conecta 43 atalayas y se aleja serpenteando más allá de la vista. Tiene un tramo de 3,74 km que se puede recorrer a pie y que pasa

UNA PAUSA
Las atalayas servían para vigilar y hacer señales de fuego y humo. Hoy son prácticas para descansar las piernas o guarecerse de los elementos.

EQUIPARSE

La excursión a la Gran Muralla es dura: hay que ir preparado para la lluvia, temperaturas extremas y multitudes. Aunque está restaurada, las empinadas pasarelas de piedra son todo un reto, por lo que se aconseja llevar buen calzado. Se permite entrar con bolsa o mochila, por lo que se puede llevar agua y algún tentempié.

por 19 atalayas. Luce almenas altas en ambos lados y cuenta con guardias que controlan a los visitantes. Está atestada de turistas, por lo que es normal avanzar poco a poco pegado a cientos de personas.

Las vistas a ambos lados son espectaculares y en los días claros se pueden sacar buenas fotos panorámicas, siempre que se esquiven los palos de selfis. Por las ventanas y aspilleras se contempla el paisaje que veían los arqueros de la dinastía Ming.

Viajar en el teleférico de Badaling

Este teleférico sobrevuela los cerros para dejar a los viajeros en la cumbre. Sus paredes transparentes ofrecen vistas de 360° mientras se

Teleférico de Badaling.
ZVONIMIR ATLETIC/SHUTTERSTOCK ©

desliza sobre las escarpadas laderas. Hay dos teleféricos, ambos bien señalizados: el del norte es más largo y está junto al aparcamiento principal; el del sur, más corto, está un poco más lejos del autobús y el tren. Las cabinas son ideales para sacar fotos aéreas de la muralla y ofrecen atajos para empezar o acabar una excursión, pues solo tardan unos minutos entre estación y estación. Otra opción es el sistema de poleas: una silla de plástico que asciende durante 10 min por una pista de vía estrecha parecida a una montaña rusa.

Tanto el teleférico como la silla se pagan aparte. Junto con la entrada a la Gran Muralla, el precio de un billete de ida y vuelta oscila entre 100 y 180 ¥, aunque los menores de seis años viajan gratis en el teleférico. En las paredes hay códigos QR para comprar los billetes con el móvil, y en la base del teleférico siempre hay una taquilla bien señalizada.

De compras

Una carretera empinada llena de tiendas de recuerdos, cafés y restaurantes lleva desde el aparcamiento a la entrada principal. Por el camino hay estatuas de tamaño natural que imitan a guerreros y obreros de la dinastía Ming.

Para tratarse de un destino tan turístico, los tenderos son muy amables, aunque las omnipresentes tazas y camisetas son más baratas en Beijing. Estas tiendas también abastecen de comida y agua embotellada.

La calle tiene dos lavabos públicos que conviene visitar antes de acometer la muralla.

EN TREN

Si se prefiere ir por cuenta propia, el tren bala desde Beijing brinda un modo rápido y económico de llegar. El viaje desde la estación de Qinghe (清河站, Qīnghé zhàn) dura menos de 30 min, y la estación de Badaling está a un breve trayecto a pie de la entrada principal del parque. También hay unos cuantos trenes desde la estación norte de Beijing (北京北站, Běijīngběi Zhàn).

CÁMARAS SÍ, DRONES NO

No hay ninguna traba para sacar fotos en cualquier parte, pero los drones están terminantemente prohibidos.

CIRCUITO A PIE

Explorar Badaling

La Gran Muralla es la mayor atracción de Badaling, cuyos vigilados muros se diseñaron para recorrerlos a pie. Concluida la visita de esta antigua maravilla, se puede pasear por el Parque Forestal Nacional de Badaling, con buenos restaurantes y arte público.

INICIO	FINAL	DISTANCIA
Estación de trenes de Badaling	Museo de la Gran Muralla	2,5 km; 3 h

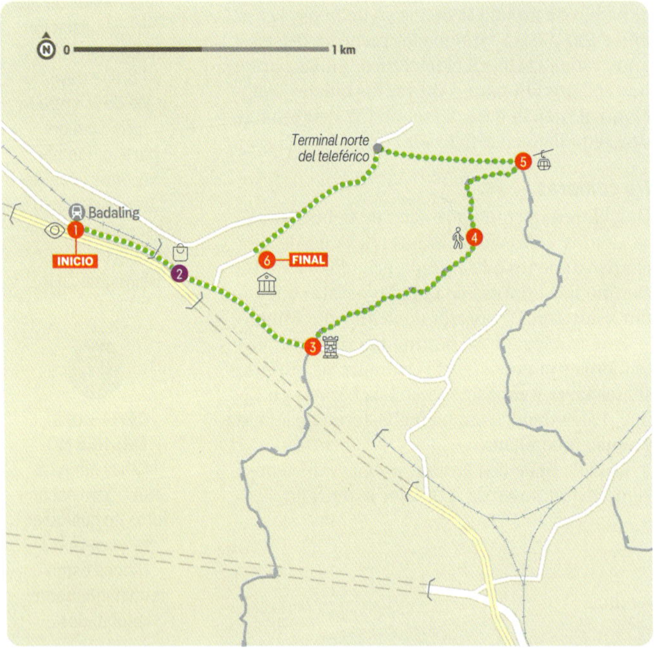

N 0 ——————————— 1 km

Terminal norte del teleférico

Badaling

INICIO ①

②

③

④

⑤

⑥ **FINAL**

EXPLORA

LA GRAN MURALLA

① Estación de trenes de Badaling

Hay que bajar del tren en la **estación de Badaling** y subir a la calle por la escalera automática. Si no se ha comprado el billete de vuelta, se puede hacer en la taquilla que hay saliendo de la estación. Luego bastará con seguir al gentío por el aparcamiento hasta el distrito comercial. Para hacer esta ruta hay que pasarse por la ventanilla del teleférico y comprar un billete de ida y vuelta.

② Calle comercial

Hay que subir por la carretera que lleva a la puerta principal. Esta ruta está llena de tiendas y restaurantes para abastecerse antes de la excursión o reponerse después. Cerca de la **garita** hay una zona de restaurantes con varios locales donde se puede almorzar a la vuelta. En la muralla no hay lavabos, por lo que se aconseja visitar uno público aquí antes de entrar.

③ Entrada fortificada

La **entrada a la Gran Muralla** es un viejo fuerte situado en una plaza central con largas colas de visitantes esperando a cruzarla. La entrada se vende en las taquillas a la derecha de la puerta. Se recomienda reservar con antelación; con el código QR del recibo se conseguirá una entrada en papel.

④ La sección norte

Esta sección de la Gran Muralla lleva cada vez más alto entre las montañas. Es una ruta concurrida que pasa por **varias atalayas.** En los días claros, la vista se pierde entre kilómetros y kilómetros de terreno ondulado. Suele estar abarrotada y solo tiene salidas de emergencia, así que hay que reservarle una buena cantidad de tiempo.

⑤ Descenso en teleférico

La **estación del teleférico norte** está en la torre nº 8. Hay que pasar por el torniquete con el billete y recorrer la pasarela hasta el andén; allí un operador guía hasta el teleférico. Se viaje a solas o en compañía, en el teleférico solo hay sitio para seis personas.

⑥ Visitar el museo

Ahora que ya se ha tocado la Gran Muralla, hay que ilustrarse sobre las personas que construyeron y defendieron esta obra maestra militar. Cuando el **Museo de la Gran Muralla** reabra en el 2025, sus modernas exposiciones contarán la historia del emperador Qin Shi Huang y su legado de 2200 años.

DESCENSO EN TOBOGÁN

El 'tobogán' de Mutianyu es un trineo de plástico que desciende la montaña por una rampa de acero. Los adultos pueden montar solos o con un niño pequeño. El viaje, solo de bajada, dura unos 5 min a 10 km/h, pero la velocidad parece mayor cuando se cogen las curvas. Se puede acelerar o frenar con una simple palanca. Hay que ir a la atalaya n° 6 y esperar a que el operador conceda permiso para bajar; la gravedad hará el resto. El tobogán no establece un límite de peso. Los billetes se compran allí mismo y cuestan entre 100 y 140 ¥.

Mutianyu

Al noreste de Beijing está Mutianyu (慕田峪, Mùtiányù), la segunda sección más concurrida de la Gran Muralla, que tiene el mismo atractivo: una conservación inmaculada, largas excursiones y vistas imponentes. Su historia también discurre en paralelo, pues gran parte de lo que se conserva es del s. XVI. Es más difícil llegar en transporte público, por lo que muchos viajeros lo hacen en autobuses privados. Sin embargo, recibe bastante menos gente, por lo que a veces se puede disfrutar en soledad incluso en temporada alta.

La entrada al parque suele incluirse en el precio de los circuitos en grupo –junto con otras amenidades–, pero si se visita por cuenta propia cuesta 40 ¥/adultos; es gratuita para las personas mayores y los menores de seis años.

Comida y compras en Mutianyu

A los pies de las montañas hay un destacado pueblo comercial lleno de tiendas de recuerdos y restaurantes. Esta sección queda unos 3 km cuesta abajo de la estación de teleférico, por lo que mucha gente viaja en taxi o autobús hasta la entrada del parque. Cuanto más arriba, mejores son los restaurantes. Muchas tiendas colaboran con los operadores turísticos. En la muralla propiamente dicha también hay puestos de agua y tentempiés que son carísimos pero muy socorridos los calurosos días de verano.

Recorrer toda la sección o solo una parte

Se puede recorrer un tramo de 5,4 km que ensarta 22 atalayas con vistas a valles y picos boscosos. La inclinación varía de empinada a muy abrupta, por lo que se necesitan varias horas para explorarla. También se puede recorrer solo una parte a pie y empezar o acabar la excursión en el teleférico, el telesilla o el tobogán.

Rampa del tobogán.
SIHASAKPRACHUM/SHUTTERSTOCK ©

Para estirar las piernas hay dos senderos forestales que llevan desde el aparcamiento a la muralla. Son pistas asfaltadas que terminan en medio de la sección de Mutianyu, en las torres nº 6, 8 y 10.

Teleférico o telesilla de Mutianyu

El teleférico es una cabina cerrada que sube y baja por la montaña a un máximo de seis personas y deja en la atalaya nº 14. Desde sus grandes ventanas se ve el paisaje en todas direcciones. Si se prefiere una excursión al aire libre, hay un telesilla para dos que es igual que el de una estación de esquí y lleva a/desde la atalaya nº 6. Se pueden hacer las combinaciones de transporte que se quiera e ir a pie de una estación a otra.

Los billetes suelen venderse por separado, incluso en los circuitos en grupo. Tanto el teleférico como el telesilla cuestan 100 ¥/ida y 140 ¥/ida y vuelta.

★ **MERECE LA PENA**

Universal Beijing Resort

Mientras un sinfín de entusiastas con sus mejores galas de Hogwarts pasan volando junto al globo giratorio de Universal, una melodía arrebatadora va subiendo el ritmo… y así empieza el hechizo de Hollywood. Bienvenidos al parque temático más alucinante de la capital china: el Universal Beijing Resort (北京环球度假区, Běijīng Huánqiú Dùjiàqū).

CONSEJO

Para comprar las entradas, hay que instalarse la *app* Universal Beijing Resort. Si el proceso de verificación no funciona en el extranjero, se puede probar suerte en klook.com.

Escanea este código QR para descargar la *app* de Universal Beijing Resort.

Atracciones

Universal Beijing es un parque de tamaño medio; basta un día largo para disfrutar de sus mayores atracciones. Tiene cinco zonas bien delimitadas, dos de ellas para niños pequeños (Minions y Kung Fu Panda) y tres para público general (Harry Potter, Transformers y Jurassic World). Cada una tiene tres atracciones principales.

La mayor atracción son las retorcidas chimeneas de Hogsmeade, recreadas a la perfección. Allí, magos de todo el mundo se abastecen de varitas, se fotografían en la estación de tren y montan en sus escobas para disfrutar del increíble espectáculo en 3D **Harry Potter and the Forbidden Journey**®, nada recomendable para quien se maree con facilidad.

Transformers Metrobase tiene la mayor máquina de gritos, la **Decepti-coaster;** el más tranquilo **Jurassic Flyers** permite imaginarse como un *Pteranodon* que se desliza sobre la cascada y los picos gemelos de la isla Nublar.

Y luego está Hollywood, que tiene un set divertido y poco concurrido –"¡Lights, Camera, Action!"–, y el Waterworld Stunt Show, que ofrece varias funciones diarias. A lo largo del día, otros rincones ofrecen espectáculos, como *Sing*.

El globo de Universal.
TESTING/SHUTTERSTOCK ©

Datos prácticos

Como en todos los parques temáticos, se forman grandes colas. Quien viaje a Beijing solo para visitar los Universal Studios, puede alojarse en el resort, pues permite entrar en el parque una hora antes que el resto de visitantes. Por otro lado están las entradas Express, que dan acceso a las colas VIP. Se venden en paquetes de una, tres o cinco atracciones, o bien para todo el parque.

Las atracciones abren de 10.00 a 20.00 entre semana y de 9.00 a 20.00 los fines de semana y festivos. Hay que llegar pronto y guardar cola a la entrada, o bien llegar tarde (mucha gente se va después del desfile de las 17.00). No hay entrada física; en su lugar, debe enseñarse el pasaporte y hacerse un escáner de reconocimiento facial.

Para llegar hay que tomar las líneas 1 o 7 hasta el final; hay 1 h desde el centro. Los menores de 16 años deben ir acompañados de un adulto.

UNA PAUSA
Los restaurantes están en las zonas temáticas y en el City Walk que lleva al resort; hay desde fideos y hamburguesas a un emporio de chocolate y pato asado.

Guía práctica

Viajar en familia 144

Alojamiento 145

Comida, bebida y fiesta 146

Comunidad LGTBIQ+ 148

Salud y seguridad 149

Turismo responsable 150

Accesibilidad 152

Lo esencial 153

Idioma 154

Bicicletas compartidas (p. 151).

TAREK ISLAM/SHUTTERSTOCK ©

Viajar en familia

A los chinos les encantan los niños. Beijing tiene menos instalaciones infantiles que otras ciudades de tamaño similar, pero los pekineses se desviven por acomodar a los peques.

Parques infantiles

Los más pequeños lo pasarán en grande en los parques y plazas de Beijing, explorando sus senderos y bailando con los pensionistas. El parque Beihai (con barcas) y el Jingshan están muy bien. Sin embargo, no hay muchas zonas de recreo al aire libre (quizá debido a la polución); para divertirse hay que ir a los espacios habilitados en los centros comerciales (de pago).

PARQUES ACUÁTICOS

Beijing es caluroso en verano; hay que refrescarse en toboganes acuáticos como los de **Water Cube,** sede de los JJ OO del 2008 y el 2022, así como del mayor parque acuático de la capital.

Las mejores experiencias

Los mejores lugares de interés para niños mayores son la **Gran Muralla** (p. 132) y Universal Studios (p. 140; dcha.). La sección de Mutianyu (Gran Muralla) es ideal para familias: tiene teleférico, tobogán y tramos agrestes para exploradores.

Universal Studios celebra un desfile diario y tiene dos atracciones ideales para niños pequeños (Kung Fu Panda y Minion); los adolescentes pueden escoger entre otras más vertiginosas.

Precio de la entrada

Los niños suelen pagar la mitad, o entran gratis si miden menos de 1,2 m. Hay que informarse en la taquilla.

Extravíos

Los niños deberían llevar siempre encima una tarjeta del hotel por si se pierden.

Comida

Los restaurantes chinos suelen servir platos grandes para compartir, y los clásicos como el arroz blanco solo cuestan unos yuanes. Quien no domine los palillos, puede pedir una cuchara (*sháozǐ*, 勺子).

Alojamiento

Beijing tiene un buen surtido de hoteles de lujo que ofrecen más por el mismo precio que los de otras capitales del mundo.

Si te gusta...

Callejuelas auténticas

Torre del Tambor (p. 58) Un barrio excelente y bien comunicado para conocer la vida local. Está al norte de la Ciudad Prohibida. Tiene *hutong* con hoteles de precio medio y patio tradicional.

Vida de lujo

Sanlitun y Chaoyang (p. 107) El distrito de negocios es el más concurrido de noche. Sus hoteles de lujo son relativamente asequibles y están cerca de los bares y restaurantes más modernos de Beijing.

IMPRESCINDIBLE

⭐

Nos encanta...

Ciudad Prohibida y Dongcheng (p. 31) Esta céntrica zona no solo es práctica, sino que tiene el alojamiento más variado. Wangfujing, al este de la Ciudad Prohibida, tiene varios hoteles de cinco estrellas. Pero, si se quiere ver la auténtica vida cotidiana, se recomiendan los clásicos *hutong* en torno a las estaciones de metro de Dongsi y Zhangzizhong Lu.

CUÁNTO CUESTA

hotel económico
desde 400 ¥

hotel-*boutique* medio
desde 800 ¥

hotel de lujo
desde 1600 ¥

Reservas en línea

Trip.com es el sitio más fiable para reservar alojamiento y el que tiene información más actualizada. Las webs de reservas internacionales funcionan, pero no tienen la oferta íntegra de alojamiento.

Restricciones del Gobierno

No todos los hoteles de China aceptan extranjeros. La política cambia constantemente; se aconseja comprobar si un alojamiento tiene reseñas en línea recientes de clientes foráneos.

 Albergues y pisos compartidos

La ley impide alquilar habitaciones o pisos a turistas en Beijing. Tras la prohibición de los sitios de literas para inmigrantes, casi no hay albergues.

Comida, bebida y fiesta

⚠ Alergias e intolerancias

Los cacahuetes, el sésamo y el marisco son ingredientes habituales. Los fideos de trigo son un clásico, pero es fácil encontrar arroz. La salsa de soja y el "vinagre negro" son omnipresentes y contienen gluten, al igual que los platos vegetarianos (seitán).

CÓMO SE DICE

Tengo alergia a... 我对 X 过敏 *Wǒ duì X guòmǐn*
- **los cacahuetes** 花生 *huāshēng*
- **el sésamo** 芝麻 *zhīma*
- **el marisco** 海鲜 *hǎixiān*
- **el gluten** 面筋 *miànjìn*
- **el vinagre** 醋 *cù*
- **la salsa de soja** 酱油 *jiàngyóu*

> **?**
> **ESTRATEGIAS PARA PEDIR**
> ¿No hay carta en inglés? Un buen modo de pedir comida es mirar lo que comen otros comensales y señalar su plato diciendo: "Quiero eso" (*wǒyào nàgè*, 我要那个).

RESERVAS

En Beijing pocos sitios aceptan reservas; el secreto para conseguir una mesa es presentarse pronto y mentalizarse para esperar. El sistema para guardar cola es digital, por lo que exige un número de teléfono local; si no se tiene, el personal usará el suyo.

🍴 Vegetarianos

Si el viajero es vegetariano, debe decir '*wǒ chī sù*' (我吃素). Los restaurantes vegetarianos tradicionales suelen estar cerca de los templos y servir sucedáneos de carne a base de tofu, gluten de trigo, setas y verduras. Otra opción es ir a los cafés y restaurantes internacionales.

Pagar la cuenta

De forma digital Muchos restaurantes están digitalizados. Todo se hace a través del móvil: apuntarse en la lista de espera, consultar la carta, hacer el pedido y pagar. La pega es que todo suele estar en chino. Para los hablantes de chino con un número de teléfono local es muy práctico, pero casi todos los extranjeros necesitan ayuda. Los pekineses son conscientes de que los extranjeros están perdidos y se muestran encantados de echarles una mano, siempre que el local no esté abarrotado.

Efectivo Algunos sitios aún tienen cartas con fotos de los platos; todos aceptan efectivo.

Propinas Nadie da propina.

PRECIOS

Los siguientes precios se basan en el coste de una comida por persona.

¥ menos de 70 ¥

¥¥ 70-140 ¥

¥¥¥ más de 140

HORARIOS

Restaurantes 10.30-14.00 y 17.00-22.00
Cafés 9.00-21.00
Bares 18.00-2.00

Salir

Bares de los 'hutong'

Los *hutong* son una mina de espléndidas coctelerías ocultas y cafés bohemios, y se han convertido en una alternativa de ocio nocturno, sobre todo en la zona de la torre del Tambor.

Cerveza artesanal La cerveza es la bebida más popular de China, y han abierto muchas cervecerías artesanales en la última década. Entre las más populares se cuentan Great Leap, Slowboat, Jing-A, N Beer y Arrow Factory Brewing (foto).

Música en directo En los *hutong* de la torre del Tambor hay varios locales íntimos con música en directo; la zona de los lagos de Beihai es más ruidosa y ofrece una programación menos selecta.

Karaoke (KTV) Es muy popular. Beijing tiene muchos locales que alquilan salas para cantar con amigos mientras se toman unas copas acompañadas de fruta.

Bailar Para discotecas, nada como el estadio de los Trabajadores, donde pekineses riquísimos llegan en Ferrari y corren las botellas de champán. Para algo más centrado en la música, se aconseja ir a locales *underground* como Zhao Dai, Dada y Groundless Factory.

CUÁNTO CUESTA

plato de 'dumplings'
26 ¥

bol de fideos
30 ¥

plato vegetariano
35 ¥

plato de carne
60 ¥

pato asado
238 ¥

cerveza local
10 ¥

café
35 ¥

cerveza artesana
60 ¥

Comunidad LGTBIQ+

La actitud del Gobierno chino frente a la comunidad LGTBIQ+ se podría resumir en: "No os molestaremos mientras no salgáis del armario".

 ## La política del PCCh

La actitud del Partido Comunista de China frente a la homosexualidad no ha cambiado mucho con el tiempo: hasta el 2001 se consideraba un trastorno mental y, aunque ya no existe ese discurso, en los últimos años ha decidido centrarse en los valores familiares tradicionales y hacer hincapié en el fomento de la natalidad. En el 2023 cerró el Beijing LGBT Center, el mayor centro del país; la opinión generalizada es que lo cerró el Gobierno.

El Partido Comunista también ha prohibido la aparición de homosexuales en la televisión (junto con ideas sobre la reencarnación y el consumo de alcohol); en el 2021 la prohibición se amplió a los hombres afeminados. El decreto oficial instaba a las cadenas a "poner fin sin titubeos a estéticas anormales".

Aceptación social

Pese a las medidas represivas, Beijing sigue acogiendo bien a la comunidad LGTBIQ+. En general, muchos chinos aceptan a gais y lesbianas siempre que no sean miembros de su familia o quieran tener hijos. Muchos jóvenes tienen una visión tan tolerante como sus homólogos del resto del mundo.

 ## 'APPS' DE CITAS Y REDES SOCIALES

Algunas *apps* de citas y redes sociales funcionan en China, pero carecen de privacidad. Para los hombres suele ir bien Grindr. Para mujeres, Lespark y The L.

LEGALIDAD

En China la homosexualidad es legal. Viajar como pareja del mismo sexo no entraña ningún riesgo en ese sentido.

Recursos

Destination (p. 119; bjdestination.com.cn) Este local de Chaoyang es el club *queer* más antiguo de Beijing. Ofrece actuaciones de DJ, eventos artísticos y culturales, y tiene un restaurante al lado. **Utopia** (utopia-asia.com) Guía informativa y relativamente actualizada sobre los lugares de moda LGTBIQ+ de Beijing.

Salud y seguridad

La única ventaja de un Estado comunista autoritario es que Beijing es increíblemente seguro: cruzar la calle es el mayor riesgo que se correrá.

 ### CONTAMINACIÓN ATMOSFÉRICA

Beijing tiene peligrosos niveles de contaminación atmosférica y, aunque la situación ha mejorado, siguen calificándose de insalubres. Los viajeros con problemas respiratorios crónicos deberían informarse sobre el índice de calidad del aire antes de viajar (aqicn.org).

 ## Un Estado policial

Hay policía, militares y cámaras de seguridad por todas partes, y las consecuencias de participar en actividades delictivas pueden ser muy graves. Eso no incluye solo las prohibiciones más obvias (drogas o prostitución), sino cualquier tipo de actividad política o religiosa: será mejor dejar la camiseta de "Liberemos Hong Kong" en casa y recordar que cualquier cosa que el viajero haga o diga en línea puede rastrearse, hasta su ubicación física. El Gobierno se ocupa principalmente de sus ciudadanos, pero las leyes pueden aplicarse de forma arbitraria y los tribunales no fallan a favor de los extranjeros.

— **AGUA DEL GRIFO** —

No hay que beberla. El agua embotellada y los refrescos, el alcohol y las bebidas hechas con agua hervida (como té o café) son seguros.

A TENER EN CUENTA

 #### Robos

Aunque es muy raro que pase, si el viajero descubre que le han robado algo debe comunicarlo inmediatamente a la Delegación de Asuntos Exteriores de la Oficina de Seguridad Pública más cercana.

 ## Seguridad en la carretera

En Beijing el mayor peligro es cruzar la calle. Hay tráfico en todas direcciones, y las bicicletas y patinetes eléctricos suelen circular en sentido contrario por calles y aceras. Tampoco hay que dar por sentado que un vehículo se parará ante un semáforo en rojo. Hay que mantenerse alerta y recordar que los peatones no inspiran ningún respeto.

 ### Farmacias

Las farmacias (*yàodiàn*; 药店) se identifican por una cruz verde y suelen vender medicamentos occidentales y chinos.

Hospitales

Beijing tiene varios hospitales y clínicas internacionales excelentes, casi todos en Chaoyang.

Turismo responsable

Consejos para dejar menos huella, apoyar lo local y beneficiar a las comunidades

Mitigación frente a adaptación

"Verde" es la nueva palabra de moda en China, y hasta los viajeros más escépticos deben reconocer que la calidad del aire pekinés ha mejorado y que la ciudad está llena de vehículos híbridos y eléctricos. El doble objetivo del Gobierno en materia de emisiones de carbono –alcanzar el punto máximo de emisiones de CO_2 en el 2030 y la neutralidad de carbono en el 2060– copa los titulares, pero la atención se centra en la mitigación (reducir la producción de CO_2) y en la adaptación a un planeta más caliente.

 **Turismo**

En China el turismo produce cerca de un 7% de las emisiones de carbono. Según un estudio de McKinsey, el alojamiento es el principal emisor de carbono del sector (60%), mientras que el transporte, sobre todo aéreo, representa el 38% de las emisiones.

IMPRESCINDIBLE

★

Hoteles ecológicos

Los hoteles más ecológicos de Beijing, como el Éclat (eclathotels.com), suelen ser los de lujo, pues sus clientes se pueden permitir pagar el coste añadido.

Escasez de agua

La emisiones de carbono son motivo de preocupación, pero se hace más hincapié en la seguridad del agua en el norte de China. El plan de ingeniería hidráulica más ambicioso de la historia es el Proyecto de Transferencia de Agua Sur-Norte, una obra aún incompleta que conecta los cuatro ríos principales del país mediante tres canales y ya ha llevado 53 000 millones de metros cúbicos de agua al árido norte en su primera fase.

Reciclaje

Durante el COVID-19, Beijing puso a prueba un programa de reciclaje doméstico, pero los cubos dispuestos a tal fin siguen tratándose como basura corriente.

BICIS COMPARTIDAS

El sistema de bicicletas compartidas (p. 67) ofrece un modo estupendo de desplazarse. Hay anchos carriles por doquier que suelen estar separados de los coches. Además, gracias a su terreno llano, ir en bici por Beijing es fácil.

Vehículos híbridos y eléctricos

Se calcula que cerca de la mitad de los vehículos eléctricos del mundo recorren las carreteras chinas, y Beijing se halla entre los líderes mundiales en cuanto a adopción de vehículos híbridos y eléctricos. La normativa municipal exige que los taxis metropolitanos (unos 66 000) sean híbridos o eléctricos a finales del 2025.

Del mismo modo, Beijing ya tenía 11 000 autobuses urbanos eléctricos en el 2020, lo que supone más de un 60% de su flota. Si el viajero se pregunta dónde se carga tanto vehículo, la capital también es pionera en las estaciones de intercambio de baterías, donde taxis y coches privados pueden instalarse una batería totalmente cargada en cuestión de minutos.

ENERGÍA RENOVABLE

China ha dado grandes pasos en el sector de las renovables. En el 2022 colocó tantas instalaciones de energía solar como todo el resto del mundo junto, y en el 2024 inició un proyecto eólico y solar de 6GW que suministrará energía a Beijing.

El cambio climático y los viajes

Es imposible ignorar el impacto de nuestros viajes y la importancia de hacer cambios. Lonely Planet anima a todos los viajeros a involucrarse en su huella de carbono. Muchas webs de líneas aéreas y sitios de reservas ofrecen la opción de compensar el impacto de los gases de efecto invernadero realizando donaciones para iniciativas respetuosas con el clima en todo el mundo.

Hay muchas calculadoras de carbono en línea que permiten a los viajeros calcular las emisiones de carbono generadas por su viaje; se puede probar en **resurgence.org** escaneando el código QR de la derecha.

Accesibilidad

Panorámica general

En los últimos años, Beijing ha actualizado los códigos de construcción y mejorado la accesibilidad. Sin embargo, su aplicación ha sido desigual y las instalaciones no siempre se mantienen. Se aconseja contratar un circuito especializado que se adapte a las necesidades propias.

Taxis y autobuses

Beijing tenía taxis accesibles, pero han desaparecido. En cambio, hay cada vez más autobuses con rampa para silla de ruedas; ofrecen la forma más sencilla de desplazarse.

Metro

Las escaleras mecánicas suelen ser solo de subida, pero muchas estaciones tienen ascensores para sillas de ruedas. No obstante, a veces solo se pueden usar con la ayuda del personal. No hay una lista exhaustiva de las estaciones sin impedimentos.

EN LA CALLE

Beijing es una gran carrera de obstáculos para quien se desplaza en silla de ruedas o tiene problemas de movilidad. Las aceras son irregulares y están en mal estado, por lo que pueden resultar peligrosas. Además, los bordillos son muy altos e impiden el paso de las sillas de ruedas. Muchas calles solo pueden cruzarse por pasarelas subterráneas o elevadas con escalones. Los carriles-bici son más transitables que las aceras, pero son caóticos y no están exentos de riesgo. Desplazarse por los principales puntos de interés es más fácil que antes, pero no en todas las zonas. Se recomienda llevar una silla ligera y plegable.

HOTELES

Se recomienda alojarse en un hotel internacional de lujo, pero hay que cerciorarse antes sobre qué instalaciones tiene en realidad. Pocos hoteles chinos tienen duchas sin barreras.

LAVABOS PÚBLICOS

Hay lavabos accesibles en los principales puntos de interés, hoteles de lujo y centros comerciales, pero en el resto de sitios, incluidos restaurantes y cadenas de comida rápida, son inodoros a la turca que suponen todo un reto.

Recursos

easytourchina.com Dos circuitos diseñados para viajeros con problemas de movilidad.

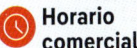

Lo esencial

Horario comercial

Oficialmente, China tiene una semana laboral de 40 h y cinco días (lu-vi). En la práctica, muchos negocios aplican la "semana 996", es decir, que los empleados trabajan de 9.00 a 21.00 seis días. Casi todos los lugares de interés cierran los lunes.

Bancos 9.00-17.00 lu-vi; algunos abren el fin de semana

Bares 18.00-2.00

Cafés 9.00-21.00

Museos y templos 8.30-16.30 ma-do

Parques 6.00-21.00, reducido en invierno

Restaurantes 10.30-14.00, 17.00-22.00

Tiendas 10.00-21.00

A TENER EN CUENTA

Hora local
Hora estándar de China (+ 8 h GMT/UTC).

Prefijo de país
+010

Emergencias
120

Población
21,9 millones de hab.

Lavabos públicos
En los principales puntos de interés suelen tener taza, pero en los *hutong* son de estilo turco y ofrecen poca intimidad. Por lo general hay papel higiénico (junto al lavamanos, no en el cubículo), pero es mejor llevar algo encima por si acaso. El papel se tira a la papelera, no al inodoro.

Fiestas oficiales
Hay siete fiestas oficiales. No es buena idea llegar a China ni viajar por el país en época de vacaciones, como el Año Nuevo chino y el Día Nacional, pues los precios de los hoteles se disparan y el transporte está atestado.

Año Nuevo 1 de enero

Año Nuevo chino Enero o febrero (casi todo el mundo tiene una semana de vacaciones)

Día de la Limpieza de Tumbas 4 o 5 de abril

Día Internacional del Trabajador 1 de mayo

Fiesta del Barco del Dragón Junio (un día)

Festival de Mediados de Otoño Finales de septiembre (un día)

Día Nacional de la República Popular China 1 de octubre (casi todo el mundo tiene una semana de vacaciones)

ELECTRICIDAD
120V/60Hz, 230V/50Hz

Abierto *kāimén* 开门
Cerrado *guānmén* 关门

Idioma

Lo básico

Hola 你好 *Nǐhǎo*

Adiós
再见 *Zàijiàn*

¿Cómo está?
你好吗? *Nǐhǎo má?*

Bien 好 *Hǎo*

¿Y usted?
你呢? *Nǐ ne?*

Por favor ... 请... *Qǐng ...*

Gracias
谢谢你 *Xièxiè nǐ*

Disculpe
劳驾 *Láojià*

Perdón
对不起 *Duìbùqǐ*

Si 是 *Shì*

No 不是 *Bùshì*

El mandarín, conocido entre los chinos como *pǔtōnghuà* (idioma común), se puede transcribir en alfabeto latino. Este sistema se conoce como pinyin; en las frases que aquí se enumeran se indican las formas en mandarín y pinyin.

El mandarín es un idioma tonal; el significado de una palabra cambia según el aumento o descenso del tono. Tiene cuatro tonos y un quinto neutro. En pinyin los tonos se indican mediante acentos en las vocales: **ā** (alto), **á** (creciente), **ǎ** (creciente-decreciente), **à** (decreciente).

Para facilitar la comunicación durante el viaje con una guía de conversación, visítese **lonelyplanet.com.** Las guías de conversación de Lonely Planet para iPhone se pueden adquirir en la App Store de Apple.

¿Habla inglés?
你会说 英文吗?   *Nǐ huìshuō Yīngwén má?*

No le entiendo.
我不明白.   *Wǒ bù míngbái.*

Emergencias

¡Ayuda!	救命!	*Jiùmìng!*
¡Váyase!	走开!	*Zǒukāi!*
¡Llame a un médico!	请叫医生来!	*Qǐng jiào yīshēng lái!*
¡Llame a la policía!	请叫警察!	*Qǐng jiào jǐngchá!*
Estoy perdido.	我迷路了.	*Wǒ mílù le.*
Estoy enfermo.	我生病了.	*Wǒ shēngbìng le.*
¿Dónde están los lavabos?	厕所在哪儿?	*Cèsuǒ zài nǎr?*

Números

 一 *yī*

 二/两 *èr/liǎng*

 三 *sān*

 四 *sì*

 五 *wǔ*

 **Comida y bebida**

Querría...
我要… Wǒ yào...

    una mesa para dos 一张两个人的桌子 *yīzhāng liǎnggè rén de zhuōzǐ*

    la carta de bebidas 酒水单 *jiǔshuǐ dān*

    la carta 菜单 *càidān*

    una cerveza 啤酒 *píjiǔ*

    un café 咖啡 *kāfēi*

No como...
我不吃… Wǒ bùchī ...

    pescado 鱼 *yú*

    aves de corral 家禽 *jiāqín*

    carne roja 牛羊肉 *niúyángròu*

SEÑALIZACIÓN

Información
问讯处
Wènxùnchù

Entrada	入口	*Rùkǒu*
Salida	出口	*Chūkǒu*
Abierto	开	*Kāi*
Cerrado	关	*Guān*
Prohibido	禁止	*Jìnzhǐ*
Lavabos	厕所	*Cèsuǒ*
Hombres	男	*Nán*
Mujeres	女	*Nǚ*

--- **HORA Y NÚMEROS** ---

¿Qué hora es? 现在几点钟? *Xiànzài jǐdiǎn zhōng?*
Son las (10) en punto (十)点钟. *(Shí)diǎn zhōng.*
Las (10) y media. (十)点三十分. *(Shí)diǎn sānshífēn.*

mañana	早上	*zǎoshàng*	**ayer**	昨天	*zuótiān*
tarde	下午	*xiàwǔ*	**hoy**	今天	*jīntiān*
noche	晚上	*wǎnshàng*	**mañana**	明天	*míngtiān*

 De compras

Querría comprar... 我想买… *Wǒ xiǎng mǎi...*
Solo miraba. 我先看看. *Wǒ xiān kànkàn.*
¿Cuánto cuesta? 多少钱? *Duōshǎo qián?*
Es demasiado caro. 太贵了. *Tàiguì le.*
¿Podría rebajar el precio? 能便宜一点吗? *Néng piànyí yīdiǎn má?*

六 *liù*	七 *qī*	八 *bā*	九 *jiǔ*	十 *shí*

Índice

Puntos de interés p. 000
Págs. de los planos p. 000

Véanse también los subíndices:

 Comer p. 158
 Beber p. 159
 Comprar p. 159

Comer

Beber

 # Comprar

La opinión del lector

Nos encanta escuchar a los viajeros ya que vuestros comentarios nos ayudan a mejorar nuestros libros. Podéis enviarlos a lonelyplanet.com/contact. Leemos todos los mensajes y garantizamos que estos llegan a los autores.

Nota: Es posible que determinados fragmentos de estos mensajes aparezcan en nuevas ediciones de las guías Lonely Planet, en la web o en productos digitales. Se ruega a todo aquel que no desee ver publicado este contenido ni que figure su nombre que lo haga constar. Para obtener una copia de nuestra política de privacidad, visita lonelyplanet.com/legal.

geoPlaneta
Av. Diagonal 662-664, 08034 Barcelona
www.geoplaneta.com – www.lonelyplanet.es
Lonely Planet Global Limited
Lonely Planet Global Limited, Digital Depot,
The Digital Hub, Dublín D08 TCV4, Irlanda
www.lonelyplanet.com
Contacta con Lonely Planet en: lonelyplanet.com/contact

Beijing de cerca
3ª edición en español – marzo del 2025
Traducción de *Pocket Beijing*, 5ª edición – diciembre del 2024
© Lonely Planet Global Limited
1ª edición en español – julio del 2013

Editorial Planeta, S.A.
Av. Diagonal 662-664, 7º. 08034 Barcelona (España)
Con la autorización para la edición en español de Lonely Planet Global Limited, Digital Depot,
The Digital Hub, Dublín, D08 TCV4, Irlanda

© Textos y mapas: Lonely Planet, 2024
© Fotografías: según se relaciona en cada imagen, 2024
© Edición en español: Editorial Planeta, S.A., 2025
© Traducción: Carmen Gómez Aragón, 2025

ISBN: 978-84-08-22781-6
Depósito legal: B. 4.663-2020
Impresión y encuadernación: Estella
Printed in Spain – Impreso en España